Design Practice
of European (French)Standard Long Span
Soft Rock Highway Tunnel

欧洲(法国)标准大跨度软岩公路隧道设计实践

丁小军 韩常领 曹校勇 史彦文 / 编著

人民交通出版社股份有限公司
China Communications Press Co.,Ltd.

内容提要

本书主要介绍了大跨度软岩公路隧道设计所参考的规范体系及其与中国规范的差别，并详细介绍了隧道设计的主要内容，包括隧道建设条件、结构设计、防排水设计、机电设计等。针对隧道建设过程中发生的特大变形，分享了成功的经验，图文并茂，数据翔实。

本书内容与工程实践相结合，可供相关专业技术人员参考和借鉴。

图书在版编目(CIP)数据

欧洲(法国)标准大跨度软岩公路隧道设计实践／丁小军等编著. — 北京：人民交通出版社股份有限公司，2019.1

ISBN 978-7-114-15294-8

Ⅰ.①欧… Ⅱ.①丁… Ⅲ.①公路隧道—隧道工程—设计 Ⅳ.①U459.2

中国版本图书馆 CIP 数据核字(2018)第 302804 号

书　　名：	欧洲(法国)标准大跨度软岩公路隧道设计实践
著 作 者：	丁小军　韩常领　曹校勇　史彦文
责任编辑：	曲　乐　李　娜
责任校对：	刘　芹
责任印制：	张　凯
出版发行：	人民交通出版社股份有限公司
地　　址：	(100011)北京市朝阳区安定门外外馆斜街3号
网　　址：	http://www.ccpress.com.cn
销售电话：	(010)59757973
总 经 销：	人民交通出版社股份有限公司发行部
经　　销：	各地新华书店
印　　刷：	中国电影出版社印刷厂
开　　本：	720×960　1/16
印　　张：	11.25
字　　数：	190千
版　　次：	2019年1月　第1版
印　　次：	2019年1月　第1次印刷
书　　号：	ISBN 978-7-114-15294-8
定　　价：	49.00元

(有印刷、装订质量问题的图书，由本公司负责调换)

前　言

2006年5月,中国中信-中国铁建联合体中标阿尔及利亚东西高速公路中、西两个标段,工程总投资69亿美元。2010年10月10日西标段359km建成通车,2012年4月14日中标段169km建成通车。该项目是当时中国公司有史以来在国际工程承包市场获得的各类工程中单项合同金额最大,同类项目中单项合同额第一,同类工程中技术等级最高、工期最短的大型国际总承包项目。该项目由中交第一公路勘察设计研究院有限公司(简称"中交一公院")负责设计,两段总里程长达528km,采用双向六车道高速公路标准建设,荣获第十五届中国土木工程詹天佑奖。

本项目仅中标段M3路段有隧道工程。M3路段是整个东西高速公路的重难点工程,而隧道又是M3路段的咽喉工程。该路段设置2座隧道,其中T1隧道长度720m,T2隧道长度1 750m。技术标准为欧洲(法国)标准,双向六车道、速度100km/h。隧道穿越地层主要为碳质页岩、泥岩等极软岩,且隧址区断裂构造、褶曲发育,工程地质条件极差。面对严谨且近乎苛刻的法国工程师,面对陌生的欧洲(法国)规范,中国工程师努力钻研,秉承中交一公院人"特别能吃苦、特别能战斗、特别能奉献、特别能创新"的精神,及时顺利地完成了设计工作。这是中国工程师走出国门,完全按照欧洲标准独立设计的第一条高速公路。

在隧道建设过程中,隧道初期支护曾发生极其严重的沉降变形,设计监理法国SETEC公司多次派出专家团队到施工现场进行指导,但其所提出的方案并未解决大变形问题。在困难面前,中国的工程师没有气馁,迎难而上,在副总工程师韩常领的带领下,中交一公院累计投入隧道工程师13人·年,依靠中国工程师的智慧成功解决了隧道大变形问题,保证了工程的安全高效建设。

本书首先介绍了隧道设计所参考的规范体系及其与中国规范的差别,然后详细介绍了隧道的设计主要内容,包括隧道建设条件、结构设计、防排水设计、机电设计等内容。针对隧道建设过程中发生的特大变形,分享了我们的成功经验。书中图文并茂,数据翔实,很多成果都是第一次发表,是中交一公院隧道工程师多年工作心血的结晶。

本书由丁小军、韩常领、曹校勇、史彦文编著,参与编写还有白浪峰、徐平、师伟、徐智、寇宝文、杨绍战、孙海东、李广华、陈海洋、王万平、卢晓玲。本书在编写过程中得到了长安大学李宁军教授的审阅指导。对于他们的无私付出,在此一并表示感谢。

受种种条件限制,书中疏漏和不当之处在所难免,敬请专家、同行和读者批评指正。

编写组
2018 年 8 月于西安

目 录

1 概述 ·· 1
　1.1 项目概况 ··· 1
　1.2 执行标准及设计流程对比 ··· 2
2 隧道勘测设计 ·· 14
　2.1 隧道总体设计 ·· 14
　2.2 隧道工程地质 ·· 22
3 隧道结构工程设计 ··· 52
　3.1 土建工程安全标准 ··· 52
　3.2 隧道衬砌结构设计 ··· 53
　3.3 隧道洞口设计 ·· 79
　3.4 隧道监控量测与地质超前预报 ··· 89
　3.5 隧道施工 ··· 94
　3.6 极软岩隧道沉降变形的控制措施 ··· 98
4 隧道防排水、预留洞室及防火设计 ··· 109
　4.1 隧道防排水设计 ··· 109
　4.2 预留洞室及电缆沟槽设计 ··· 118
　4.3 隧道防火要求 ·· 125
5 隧道机电工程设计 ··· 128
　5.1 机电工程安全标准 ··· 128
　5.2 通风系统 ··· 132

5.3 照明系统 ··· 140
5.4 火灾检测和消防救援 ··· 143
5.5 CCTV 和事故检测系统 ······································· 145
5.6 紧急呼叫网络(SOS) ··· 146
5.7 动态信号和封闭设备 ··· 146
5.8 隧道供配电 ··· 149
5.9 无线通信网络 ·· 150
5.10 监控中心 ·· 151
5.11 东西高速公路隧道火灾逃生模拟分析 ················· 155

参考文献 ·· 168

1 概　　述

1.1 项目概况

阿尔及利亚东西高速公路全长1 216km，待建路段长927km，全线东连突尼斯、西接摩洛哥。它既是阿尔及利亚贯穿东西方向的主要交通大动脉，又是北非地中海沿岸国家重要的战略要道。东西高速公路项目整体路线图如图1-1所示。整个项目分为东、中、西三个标段，中、西两个标段由中国中信-中铁建联合体中标，东标段由日本公司组建的联合体中标。这是我国公司在国际工程承包市场获得的各类工程中单项合同金额最大的国际设计-建造总承包项目。

图1-1　阿尔及利亚东西高速公路总体路线图

本项目仅中标段M3（Lakhadaria-Larbaatache）路段设有两座隧道。隧道按双向六车道高速公路设计，设计速度100km/h，执行标准为欧洲标准，隧道建筑限界宽度13.5m，限高5.25m。隧道设置见表1-1。

隧道设置一览表　　　表1-1

隧道名称	隧道起点	隧道终点	长度(m)	洞门形式
T1	左线 ZK135+485.2	ZK136+210	724.8	削竹式
	右线 RK135+488.5	RK136+203	714.5	削竹式
T2	左线 ZK140+533.2	ZK142+317.8	1784.6	削竹式
	右线 RK140+546.2	RK142+295.8	1749.6	削竹式

隧道项目地处欧洲板块与非洲板块结合部，属于阿斯特拉-阿尔卑斯褶皱带。T1隧道和T2隧道从一个褶皱背斜的核部穿过，在隧道南侧20~60m处，有一条与线路平行展布的F3大断层，断层破碎带宽20~50m。在F3断层的两侧，发育有许多次级小断层。隧道围岩岩性主要以页岩、泥岩软质岩为主，质软、遇水崩解、易风化且具有弱膨胀性，受新构造运动影响，断裂构造发育、褶曲发育、节理裂隙发育，岩体完整性差。

本路段隧道有以下特点：

（1）隧道开挖跨度大，最大开挖面积超过160m²，隧道形状扁平，结构受力复杂，施工难度与安全风险比较大。

（2）隧址区为地震多发区，工程地质条件复杂，围岩有一定的膨胀性，增加了设计难度与施工的风险性。

（3）设计与施工遵循欧洲（法国）标准，欧洲是以机械化施工为主（我国以人工施工为主），设计理念与习惯做法同我国有很大差异，给设计带来不少问题。

（4）隧道内机电设备选型要求高，需开展运营风险评估，对于保证行车安全提出了更高的要求。

本次设计执行欧洲标准，主要以法国标准和规范为主。在设计初期，由于设计者对设计流程、标准的掌握有欠缺，以及中国和欧洲国家设计理念、施工习惯的差异，设计施工方案甚至一些细节问题，都需要经过多次沟通才能确定下来。但随着工程的进展，同业主、业主顾问团队（加拿大咨询公司）以及设计外部监理（法国咨询公司）的沟通交流加深，我们对法国规范体系及设计流程有了更清楚的认识，设计工作逐步走向正轨。本项目合同模式为总承包合同。所做的施工设计，并不等同于国内的施工图设计，施工图设计不能像国内一样把施工图全部完成，仅留少量后续服务人员现场跟踪变更；施工图设计往往在施工前夕才能得到外方监理的认可与批复，业主现场监理进场晚，对提交的图纸审批缓慢，致使许多工程已施工后审查意见才下来。由于施工图设计文件迟迟不能出台，导致现场设计人员较多且持续时间较长，这也是本项目的特殊之处。

1.2 执行标准及设计流程对比

隧道工程主要按照欧盟标准设计，其中以法国标准为主，其特点是跨越时间长、种类多。隧道设计执行的标准主要有：

（1）2004年4月29日欧洲议会和欧盟委员会第2004/54/CE号指令。

(2) Cahier Des Clauses Techniques Générales(一般技术条款,简称 CCTG)。

(3) Association Française des Tunnels et de I'Espace Souterrain(AFTES)指导文件(法国隧道和地下空间协会指导文件)。

1.2.1 同中国规范、设计与施工理念差异对比

1.2.1.1 执行规范的差异

中国隧道设计、施工执行的规范主要有《公路隧道设计规范》(JTG D70—2004)、《公路隧道施工技术规范》(JTG F60—2009)等,规范集成化较高,且经验性的量化指标很多,使用起来比较具体和方便。而欧洲(法国)的标准、规范众多,可能某一内容就成为一本指南,如隧道照明、隧道通风、几何设计、防排水、二次衬砌、喷混凝土、钢拱架、衬砌模板台车、路面、洞口建筑等均有一册;欧洲标准大多为建议与指导性文件,经验性的量化指标不多,比如关于围岩分级,尽管 AFTES 介绍了多种方法,却没有规定必须用哪一种分类方法,设计、施工、使用的灵活性较大。

1.2.1.2 设计与施工理念的差异

中国与欧洲(法国)在隧道建设领域均积累了丰富的经验与理论基础,由于国情和历史不同,在设计与施工理念上有一定差异,甚至在某些方面的理念是相反的,比如进洞方式。这些差异是与各国的机械化施工程度、施工工艺及技术水平相适应的,各有其特点与优势。下面结合我们的体会,将两种设计理念作一对比。

1) 设计方法

地下工程地质参数获取的难度较大,且勘察试验成果具有变异性,因此我国隧道设计以工程类比的经验法为主,理论计算为辅;而欧洲则比较强调理论计算,需要准确的基础数据与系统的理论计算为支撑,这是进行设计工作的前提,前期设计阶段时间比较长,如果光靠经验设计,而不通过计算验证,是很难通过业主审批的。像中国、日本等均有不同宽度、不同围岩级别条件下的经验支护参数供设计者选择,而欧洲设计规范中没有推荐的经验参数,均是各个设计单位根据自己的经验进行个案设计,各项设计均要进行计算验证。

2) 隧道段平纵设计

欧洲标准中,隧道平面线形主要是以满足安全行车视距为原则,在选线上没有刻意强调平曲线不能进洞的要求,采用曲线隧道较多,尤其是欧洲的长大隧道基本上为曲线隧道,采用曲线隧道有利于地质选线,可减少进洞的直光效应,也

有助于缓解驾驶员的疲劳与乏味感；另外，对洞口段路线无特殊规定，只要满足相应路线标准即可，而国内则对洞口段平面线形提出了相关要求（如 3s 行程）；对于隧道纵坡一般要求控制 3% 以内，最大不超过 5%，超过 3% 则应做风险分析，我国一般不超过 4%；对于上、下行隧道洞口外一般均要设联络道，并在与联络道相对应的主线行车道外设置停车场。

3）隧道建筑限界

建筑限界最主要的区别是可行车区域的高度问题，我国技术标准中限界的顶角部位是个倒角，而欧洲（法国）标准则是整个可行驶区域均是一个高度，如图 1-2 所示。从保证行车安全方面讲，欧洲（法国）规范比我国规范更加合理。

4）地质勘察

在地质勘察方面，欧洲标准非常注重地质资料的准确性与完整性，地勘工作量一般比我国布置得多，勘察周期比较长，注重现场围岩各项指标的获取；另外对施工期间地质验证也非常重视，尤其是围岩物理力学指标，一般要求采用水平地质超前钻探（可取芯或破坏性钻探），对地质雷达、地震波等预测手段不是很推崇。围岩级别划分有多种方法，没有统一的标准，可根据各项目情况选用。

5）进洞方式与洞口设计

在欧洲，隧道进洞方式有两种：一种是少开挖直接进洞方式，同我国目前倡导的零开挖进洞方式一致；另外一种则与我国有显著区别，为深挖方式，此方法在法国应用较多，该方法被一些法国专家所推崇，并认为"早进洞晚出洞"原则是他们在 100 年前修建铁路隧道应用的方法，认为挖深大一些（一般为 10～15m），有利于部分垂直荷载的传递，地质情况也会变好一些，也节省了造价。他们多把精力和工程措施花在洞口前边仰坡开挖所需的支挡结构上，一般是采用带锚索的钢管桩挡墙或长锚杆、锚索加固边仰坡，明洞较长，最终恢复起来同我们倡导的零边坡是一致的。隧道洞口段设计简洁，削竹式、环框式应用较多，刻意装饰的洞门很少。不论采用何种方式，最终洞口建成后基本无开挖仰坡的现象，洞口周围防护工程量较少，基本上均被绿化。

6）初期支护

（1）初期支护的作用

在欧洲，隧道初期支护主要是满足施工期间稳定与安全需要，二次衬砌结构承担所有围岩荷载，即假定随着时间推移，初期支护完全失效；而我国《公路隧道设计规范》（JTG D70—2004）中明确规定初期支护和二次衬砌的围岩荷载承担比例，初期支护和二次衬砌共同承担隧道开挖后的围岩荷载。

1 概 述

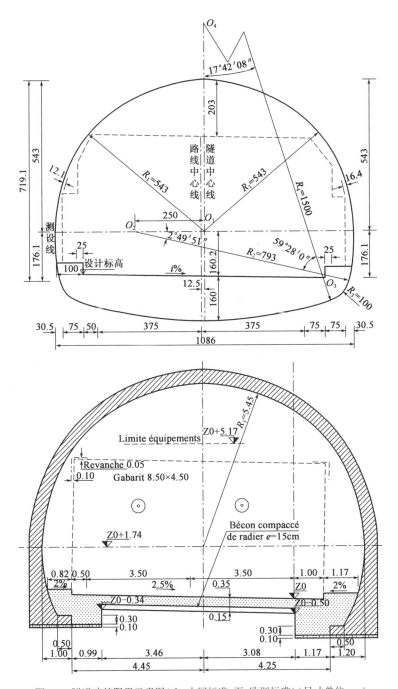

图1-2 隧道建筑限界示意图(上:中国标准;下:欧洲标准)(尺寸单位:cm)

(2)长锚杆的应用

在欧洲,由于机械化施工程度高,在软弱围岩段多采用6~10m长的锚杆,锚杆一般不与拱架焊接,多布置在两榀拱架之间;而我国的锚杆长度一般不超过4m。

(3)钢拱架设计

欧洲的钢拱架同我国类似,分为型钢拱架与格栅拱架,但其截面形式与我国有较大区别,型钢基本采用HEB型钢拱架(图1-3),而我国基本是工字钢;格栅钢架基本上三角形,也有四角形,甚至是定型产品,如由中国土木工程集团有限公司承建的以色列隧道,其钢架是从德国进口的三角形格栅拱架(图1-4),而我国基本上采用四边形格栅拱架居多。

图1-3 HEB钢架

图1-4 格栅钢架(德国)

(4)超前支护

欧洲标准中长管棚直径一般不小于$\phi 100mm$,壁厚一般不小于8mm,我国管棚壁厚多为5~6mm。欧洲标准中一般很少采用我国用得比较多的长度小于5m的小导管注浆加固方式,若支护长度比较短,多采用$\phi 25$或$\phi 32$锚杆。

7)二次衬砌设计

(1)结构耐久性

欧洲隧道结构耐久性要求高,设计寿命一般为100~120年,这主要体现在混凝土强度上,模筑混凝土强度达40MPa(试件为圆柱体),相当于我国C45,我国多采用C25或C30;喷射混凝土强度达到30MPa(试件为圆柱体),相当于我国C35,且有早期强度要求(如8h达到4MPa),我国多采用C20或C25。

(2)二次衬砌结构计算

欧洲隧道衬砌结构基本上可分为两种:一种为喷锚单层衬砌,此类衬砌在挪威应用较多;另一种是复合式衬砌,此类衬砌在各国均有较广泛应用。对于复合式衬砌,其计算方法有地层法与荷载结构法,同我国类似,但在受力模式上同我国有较大区别。欧洲(法国)计算二次衬砌时一般不考虑初期支护受力,即二次衬砌需承受全部的围岩压力,相当于提高了衬砌结构的承载能力。结构计算考虑正常使用极限状态和承载能力极限状态,但荷载分项系数与我国有一定区别。

(3)二次衬砌配筋

在欧洲,对于公路隧道而言,除洞口浅埋段及地质不良地段外,一般情况下二次衬砌拱部多采用素混凝土结构,主要是在基础或边墙脚处局部配筋;仰拱与二次衬砌连接不强调以圆顺相接,可以直角连接。

8)隧道防排水

欧洲隧道防排水既有全防设计,也有排防结合设计,需根据隧址区水文地质条件确定。在防排水材料上比我国要求高,防水板厚度一般不小于 2mm,土工布一般采用 $500g/m^2$。排水体系要求具有可维修性,多数都设置了衬砌背后纵向排水管(沟)检查井;采用连续开缝排水沟与倒虹吸管沟组成的污水排放系统,有利于分段灭火,避免火灾通过排水系统蔓延,特别是在上坡路段尤为重要,因为一旦有任何的燃油着火,它都将流向火灾后面的车辆。在路面下通常设置排水层与纵向排水管,有利于路面下渗水排放;地下水与污水分开排放,在洞口外设置 $200m^3$ 的油水分离池,以减少对环境的污染。

9)隧道路面

欧洲隧道内路面设计也考虑可能的超载问题或按提高一个交通量等级进行计算。对于是采用混凝土路面还是沥青混凝土路面没有统一要求,但多采用沥青混凝土路面,路面下多数增加一层透水层。对于仰拱回填多采用级配碎石,满足 CBR 值≥15% 即可,我国基本是素混凝土或片石混凝土回填。

10)车、人行横通道设计

欧洲的车行、人行横通道限界均比我国小:人行横通道限界宽度不小于1.8m,高度2.2m,门洞宽度1.4m,高度2m;车行横通道是以满足救援车辆通过为主,其限界宽度为3.5m,限高3.5m,转向直径19m,不像我国还考虑在隧道内行驶大型车辆。横通道防火门上还要求设置宽0.9m、高2m的小门。人行横通道应考虑残疾人的使用,最大纵坡一般不超过5%。

11)隧道通风

欧洲通风量计算结合有关限制排放标准的实施,提出了不同时期的车辆组成以及不同排放标准下的基准排放量,另外提出了稀释 NO_x 的卫生标准,我国还没有这方面的规定。另外,横通道内要求设置通风系统,火灾时,可以阻止烟雾蔓延以减少撤离人员和车辆的安全隐患,我国目前在横通道中均没有设置风机。单向行车隧道纵向通风最大长度一般不超过 5 000m,对向行车一般不超过 1 000m。

12) 隧道照明

在欧洲,对于高速公路隧道,入口加强段多使用逆光型照明灯具。高速公路隧道基本段照明亮度一般可取 $4\sim5cd/m^2$。另外,隧道内均设置低位诱导灯,高度 1m 左右,间距一般为 10m。

隧道内灯光设计多以单排灯为主,照明灯具多采用荧光灯,也采用高压钠灯。路缘带上均设置有突起路标,洞内交通标志、标识清晰,紧急电话、避难通道均有标识。

13) 隧道消防

隧道消防洞室(消防柱)间距(欧盟最低安全标准)一般不超过 250m,法国要求 200m,消防柱出水口压力为 0.6MPa,出水量按 $60m^3/h$ 考虑;我国要求间距一般为 50m。灭火器多放在安全洞室内,安全洞室间距 150m,每个安全洞室放两具单重 6kg 的灭火器,安全洞室内还设置紧急电话,消防洞室与安全洞室基本为左右对称布置。

14) 隧道防火等级

欧洲规范的隧道防火等级为 4 级,分别为 N0、N1、N2、N3,每一级的隧道防火都有明确的技术要求。比如 N0,结构局部断裂时不会对隧道造成不利后果;N2 的防火等级为 HCM120,表示碳氢化合物着火后,衬砌结构强度可以确保 120min 的救援时间。我国目前尚没有对隧道防火提出明确要求。

15) 洞口关闭设施

在欧洲,长度大于 1 000m 的隧道,除在洞口前设置信号灯、可变信息指示板(与我国相同)外,一般均要求设置封闭栏杆,以利于在紧急情况下有效控制交通,关闭隧道。我国没有要求设置封闭栏杆。

16) 施工机械化程度的差异

施工机械化程度上的差异较大,在欧洲是以机械化施工为主,以钻爆法为例,多采用钻臂台车、管棚机、锚杆台车、喷射混凝土机械手等;而我国则是以人工操作小型施工机具方式为主,大型施工设备,如钻臂台车、喷射混凝土机械手等则使用较少。施工方法的不同体现到设计与支护材料选型上的差异,最主要体现在锚杆设计与施工上,其锚杆可施工的长度很长($6\sim10m$),以及喷混凝土、模筑混凝土强度指标,其强度等级均比我国高。机械化施工,施工质量容易保证。

17) 开挖方式的区别

在欧洲采用钻爆法施工时多采用台阶法与全断面开挖法,开挖断面的划分以满足机械化施工为原则。当地质较差时,为保证掌子面的稳定多采用在掌子面上打设长度超过15m的玻璃纤维锚杆,这样仍可采用台阶法开挖,有利于机械化施工快速开挖、快速支护,以及支护体系的尽快形成,除非地质条件非常差才会采用双侧壁开挖法或单侧壁开挖法。

1.2.2 各设计阶段文件组成及其特点

法国公路工程勘察前期工作及设计一般划分为EF(可行性研究)、EP(项目预先研究)、APS(简明初步设计)、APD(详细初步设计)、APA(APD吻合性检查设计)、EXE(施工图设计)6个阶段。

1.2.2.1 EF阶段

该阶段称作项目的可行性研究阶段,其研究的内容包括:区域交通概要,区域现状,项目费用评估,交通量初步预测,投资模式选择,客、货运模型环境评估。

该阶段工作深度相当于我国的项目立项或项目投资策划。

1.2.2.2 EP阶段

该阶段称作项目预先研究阶段,其研究内容包括:通过现场考察,初步确定路线走廊;研究论证备选走廊的技术方案及社会经济状况;交通量预测;对各项社会经济指标进行评估,为确定最佳路线走廊提供依据;通过对各项细目的计算,估算项目总费用。

该阶段是项目启动之初的一个重要阶段,要求进行多方案研究比较,择优推荐最佳方案,与主管部门及相关部门就重要技术问题进行讨论研究,并最终达成一致意见。

该阶段工作深度基本上相当于我国的预可行性研究。

1.2.2.3 APS阶段

该阶段称作简明初步设计阶段,在本阶段主要完成环境的初步评估、交通量的初步评估,初步提出路线走廊方案、其与主要路网的衔接方案及备选方案,初步提出项目将可能采用的标准等。简明初步设计的深度相当于我国的工程可行性研究,注重对环境的评估及研究。

1.2.2.4 APD阶段

APD阶段称作详细初步设计阶段,本阶段是项目设计的关键阶段,交通量、技术标准、路线方案、主要构造物及沿线设施等均在本阶段确定。APD文件设计深度比国内初步设计深,但尚未达到施工要求。设计文件反映的信息量较多,其基础资料(水文、地质勘察、边坡稳定、桩长计算)与相关设计结合并作为正式文件的重要组成部分。

若APS完成已久或由不同的咨询公司完成,首先应对APS进行分析并对APS文件进行修正,报业主批准后,才能进入APD阶段。

APD阶段,针对隧道专业有三套技术文件,并分别送审报批:

1)隧道土建设计文件

包括隧道地质、路线、结构、排水、洞口边仰坡(土方工程)、洞门建筑与结构、路面设计及相应的技术说明与计算(论证)报告等。

2)隧道机电设计文件

包括通风、照明、消防、供配电、监控、救援、防火设施、通信、其他设备设计及相应的技术说明与计算(论证)报告等。

3)隧道技术间设计文件

包括洞口总体规划、技术间建筑图、技术间结构图、化粪池及相应的技术说明与计算(论证)报告等。

1.2.2.5 APA阶段

本阶段称作APD吻合设计阶段,对业主已经完成APD的设计标段,承包商必须完成APD吻合设计,即APA。如果APD文件由承包商自己完成则不需进行吻合性设计。承包商吻合性设计首先指出、分析原APD文件的不足,然后通过充分的比选论证,提出替换的技术方案,再根据业主的批准进行必要的测量、勘察,重新完成APD文件的编制。因此,APA的设计过程比APD还要复杂。

1.2.2.6 EXE阶段

EXE阶段即施工图设计阶段,这个阶段与我国设计有着本质的不同,其最大特点是没有明显的阶段划分,施工设计是一个动态的过程,将伴随着施工的进行,直到工程结束。文件组成要求深入细致,每个技术方案、设计细节,必须具有详尽的勘察、地质资料作支撑,必须进行详细的计算并提供完整的计算书供审查。

在EXE阶段,法国习惯将施工图设计分为很多小的设计单元,分类细化,不像我国为一整套文件。

1)隧道土建施工图设计

隧道地质报告:包括技术说明、图表。在欧洲非常注重基础试验数据的获取,这也是进行隧道结构计算的基础。

隧道初期支护设计：按围岩级别（有Ⅴ级、Ⅳ级、Ⅲ级）分别出图，包括超前支护、开挖方案、钢拱架、锚杆大样图等，以及相应的技术说明与计算（论证）报告。

二次衬砌设计：按明洞、不同埋深、不同围岩级别分别出图，有全断面配筋结构与半断面（仰拱与边墙）配筋结构，以及相应的技术说明与计算（论证）报告。

隧道防排水设计：包括隧道防排水设计图、洞室防排水设计图、路面边沟（虹吸井）设计图等。

车行、人行横通道设计图：分为支护、二次衬砌及防排水三部分出图，以及相应的技术说明与计算（论证）报告。

隧道洞室设计图：分为洞室支护、洞室二次衬砌，以及相应的技术说明与计算（论证）报告。

隧道洞门设计图：包括边仰坡（土方）设计图，洞门建筑、洞门结构及回填设计图，以及配套技术报告及计算书。

隧道路面设计图：包括隧道路面设计图，车行、人行横通道设计图，均采用与洞外一致的路面形式。

隧道多管网设计图：隧道洞内多管网与洞口多管网设计图。

2）隧道技术间

隧道管理站场地设计图：包括管理区场地布置、围墙、边坡防护、连接道路、场区管网（多管网、排水管网等）设计图，以及相应的技术说明与计算（论证）报告。

隧道技术间设计图：隧道技术间建筑图、技术间结构图，以及相应的技术说明与计算（论证）报告。

隧道技术间设备设计图：隧道技术间照明、通风、水、电等配套设计图，以及相应的技术说明与计算（论证）报告。

3）工程量计算

隧道开挖、支护、二次衬砌、防排水、路面、房建等工程量清单计算。

4）隧道机电施工图设计

对于施工图设计文件组成，前期业主没有提出具体规定，故隧道土建设计按照与外部监理沟通情况，分批次出图。而对于机电设计，业主给出了一个施工图设计文件的详细清单，隧道机电系统包括供电、通风、照明、紧急呼叫、火灾检测、消防、电话、闭路电视、视频时间自动检测等。其要求的施工图设计文件目录见表1-2。

隧道机电施工图设计文件清单　　　　表1-2

1			技术说明
	1.1		系统总体描述
	1.2		规范与标准
	1.3		系统结构
	1.4		对每个系统的推荐设备类型
2			计算
	2.1		供电
		2.1.1	功率计算
		2.1.2	短路计算
		2.1.3	负载分配计算
		2.1.4	自动断路器的选择
		2.1.5	不间断电源的设计
		2.1.6	补偿电阻计算
		2.1.7	高/低压电缆的设计计算
		2.1.8	照度计算
	2.2		消防
		2.2.1	消防管道设计
		2.2.2	负载损失计算
		2.2.3	水泵设计计算
	2.3		通风
		2.3.1	空气质量研究
		2.3.2	火灾情况下通风排烟研究
		2.3.3	风机设计
		2.3.4	横通道增压设计
		2.3.5	横通道卫生排烟设计
		2.3.6	变电所空气调节设备设计
	2.4		电话和数据
		2.4.1	声音传输和数据传输
		2.4.2	传输网络设计
	2.5		闭路电视和视频检测系统
	2.6		中央控制系统

1 概　述

续上表

	2.6.1		信号标
	2.6.2		系统设计
3			CCTP
	3.1		应用标准
	3.2		安装描述
	3.3		项目的定义
	3.4		项目实施的条件
	3.5		项目计量与支付标准
4			预算表
	4.1		施工测量
	4.2		施工预算
5			图纸
	5.1		供电
	5.2		紧急呼叫网络
	5.3		消防设备
	5.4		通风
	5.5		火灾监测
	5.6		电话
	5.7		闭路电视安全监视
	5.8		视频事件检测
	5.9		中央控制管理

业主还对图纸提交顺序提出了如下建议(优先级)：

(1)通风和照明；

(2)供电；

(3)消防；

(4)弱电(通信、闭路电视/视频事件检测、中央技术控制、火灾检测等)。

从设备交工工期的角度则有：

(1)发电机组；

(2)变压器；

(3)高压设备；

(4)射流风机。

13

2 隧道勘测设计

2.1 隧道总体设计

2.1.1 隧道安全视距

2.1.1.1 隧道指导性文件——《几何学》中的规定

隧道内安全行车最关键的问题是要满足安全视距的要求,法国公路隧道指南文件中建议的安全视距(制动距离+反应的距离)如表2-1所示,在表2-2中给出了不同坡度对应停车视距值。

隧道停车视距　　　　　　　　　表2-1

实际行驶速度(km/h)	140	120	110	100	80	60	40
右边线或曲线上的停车距离 $R(m) > 5v(km/h)$	320	230	190	160	105	70	40
曲线上的停车距离 $R(m) \leq 5v(km/h)$	390	280	225	180	120	80	45
干燥地面的停车距离(右边线,m)			125	110	75	55	35

注:1. R-路线曲率半径;v-行驶速度。

2. 在曲线上,假如 $R < 5v(km/h)$,制动距离将增大25%。

3. 非干燥路面情况下计算条件:平路、中等车道、轮胎制动、欧式轮胎、路面积水1mm。

坡度对停车距离的影响　　　　　　　　　表2-2

$v(km/h)$	$I(\%)$						
	-6	-4	-2	0	+2	+4	+6
110	35	22	10	0	-9	-16	-22
100	29	16	6	0	-7	-11	-15
90	16	11	4	0	-5	-8	-9
80	11	7	3	0	-3	-6	-8
70	7	5	2	0	-2	-3	-7
60	4	3	2	0	-1	-1	-4

续上表

$v(km/h)$	$I(\%)$						
	-6	-4	-2	0	+2	+4	+6
50	2	1	1	0	-1	-1	-2
40	1	1	1	0	-1	-1	-1

注:I-纵坡坡度;v-行驶速度。

2.1.1.2 《城市隧道建筑限界减小的推荐建议》中的规定

《城市隧道建筑限界减小的推荐建议》中规定的停车视距和计算表见表2-3、表2-4。

停车视距计算表(60km/h)   表2-3

$v=60km/h$	洞 口	一 般 地 段	
		路面很少养护	路面经常维修
路面阻力系数 CFL	0.46	0.46	0.6
反应(2s)距离	34m	34m	34m
制动距离 $=v^2/[2g(CFL\pm I)]$	31m	31m	24m
停车距离	65m	65m	58m

停车视距计算表(80km/h)   表2-4

$v=80km/h$	洞 口	一 般 地 段	
		路面很少养护	路面经常维修
路面阻力系数 CFL	0.42	0.42	0.55
反应(2s)距离	45m	45m	45m
制动距离 $=v^2/[2g(CFL\pm I)]$	60m	60m	46m
停车距离	105m	105m	91m

路面(除洞口段)经常清洗的情况下,不同坡度的隧道停车视距见表2-5,其他情况下的停车视距如表2-6所示。

不同坡度下停车视距表(路面经常清洗、不含洞口)   表2-5

$I(\%)$	8	6	4	2	0	-2	-4	-6	-8
$v=60km/h$	55m	55m	56m	57m	58m	58m	59m	60m	61m
$N=80km/h$	85m	86m	88m	89m	91m	93m	95m	97m	99m

其他情况下停车视距表　　　　　　　表2-6

$I(\%)$	8	6	4	2	0	-2	-4	-6	-8
$v=60\mathrm{km/h}$	60m	61m	62m	63m	65m	66m	68m	69m	71m
$v=80\mathrm{km/h}$	95m	97m	100m	102m	105m	108m	111m	115m	119m

2.1.2 平曲线视距检算

隧道设置平曲线时应检查侧面空间能否满足视距要求,不满足时,应增加侧向宽度或采取限速措施。其检算原则如下:

如图2-1所示,驾驶者的眼睛置于:

(1)路面之上1m的高度;

(2)右转曲线,距离行车道右侧边缘2m;

(3)左转曲线,距离行车道左侧边缘1.5m。

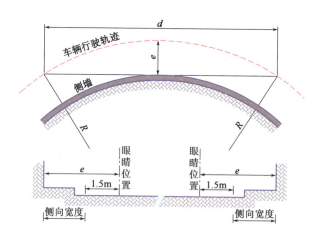

图2-1　平曲线视距计算示意图

相关计算公式为:

$$R = \frac{d^2}{8e} \quad (2\text{-}1)$$

式中:d——停车视距;

e——侧向宽度;

R——曲线半径。

侧向宽度与平曲线半径、行驶速度的关系见表 2-7。

侧向宽度与平曲线半径、行驶速度的关系　　　　表 2-7

$R(m)$	$v(km/h)$					$R(m)$	$v(km/h)$				
	40	60	80	100	110		40	60	80	100	110
100	2.5	8				550		1.1	2.5	5.8	11.5/8.2
150	1.7	5.3				600		1	2.3	5.3	7.5
200	1.3/1	4	9			650		0.9	2.1	4.9	6.9
250	0.8	2.2	7.2			700		0.9	2	4.6	6.4
300		2.7/2	6			750		0.8	1.8	4.3	6
350		1.7	5.1			800		0.8	1.7	4	5.6
400		1.5	4.5/2.4	10.1		850			1.6	2.8	5.3
450		1.4	2.1	9		900			1.5	2.6	5
500		1.2	2.8	8.1/6.4	12.7	950			1.4	2.4	4.8

严格说来，表中对应数值为最小值，这是由于隧道有其特殊性：

（1）汽车排放的烟雾、尘埃悬浮于封闭的隧道内，会造成视觉障碍。

（2）隧道内照明总不如自然照明；进入隧道后，在可视范围内由于亮度的突然变化造成视力下降，甚至视觉信息中断。

（3）进入隧道之前制动对安全行车有影响，有些隧道水会不可避免地渗入隧道内，甚至会流到路面上。此外，未经雨水冲刷的隧道路面较露天路面更滑一些。

当隧道采用较小的半径（小于 500m）会给施工带来一定的困难，尤其是采用全断面挖掘机施工时，当行驶速度不小于 60km/h 时，认为半径小于 400m 很难接受。

法国路线规范中不设超高的圆曲线半径如表 2-8 所示。

平曲线半径表　　　　表 2-8

时速（km/h）	80	100	120
最小半径 R_m（m）	240	425	665
最小超高半径 R_{dm}（m）	650	900	1 500
无超高的标准半径 R_{nd}（m）	900	1 300	1 800

大于或等于无超高标准半径 R_{nd} 的半径曲线不设超高；无超高标准半径和最小超高半径之间的半径曲线在靠近拐弯内侧设 2.5% 的超高；半径 R 小于 R_{dm} 的曲线，其转弯处向内侧倾斜的横向坡度值，是按照半径分别为 R_{dm}（I 为 2.5%）和最小半径 R_m（I 为 7%）之间的 I/R 值采用线性内插法确定。

2.1.3 竖曲线

2.1.2.1 凸形竖曲线

凸形竖曲线半径计算遵循下列规定,见图2-2:

(1)保证对障碍物的安全视距不小于停车视距。

(2)驾驶员相对于路面高度为1m,即 $h_1 = 1$m。

(3)障碍物高度 h_2 分为以下四种情况:正常情况下,障碍物高度 $h_2 = 0.15$m;特殊、有限制的情况下,障碍物高度 $h_2 = 0.35$m,相当于车辆尾灯的高度;对于路面和路面标线,$h_2 = 0$;障碍物(车辆)高度 $h_2 = 1.2$m。

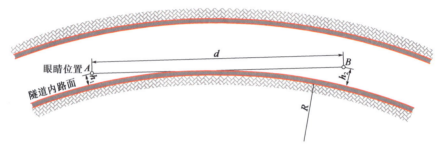

图2-2 凸曲线视距检算示意图

其计算公式如下:

$$R_{\min} = \frac{d^2}{2(h_1 + h_2 + 2\sqrt{h_1 h_2})} = \alpha d^2 \quad (2\text{-}2)$$

式中:d——行车视距;

h_1——驾驶员眼睛距路面的高度;

h_2——障碍物高度。

应用原则:

在行驶路段中,凸形竖曲线每一点上的半径都应满足可以看到0.15m高度的障碍物的视距要求,即 $R_{\min} = 0.26 d^2$。

当存在某些限制因素,凸形竖曲线每一点上的半径都应满足可以看到0.35m高度的障碍物的视距要求,即 $R_{\min} = 0.197 d^2$。

对于附属道路、很少交通量,凸形竖曲线每一点上的半径都应满足可以看到1.2m高度的障碍物的视距要求,即 $R_{\min} = 0.114 d^2$。

在城市隧道区段有车道变化或U形城市快速道路上,应可以使路面线条标志得到注意,障碍物高度为 0,即 $R_{min} = 0.5d^2$。

在舒适行车条件下,竖向加速度为 $g/40$,凸曲线最小半径如表 2-9 所示。

凸曲线最小半径　　　　　　　　表 2-9

$v = 60 \text{km/h}$	洗净的路面,除隧道口区段	其他情况
障碍物 0.15m	900m	1 100m
障碍物 0.35m	700m	900m
路面	1 700m	2 100m
舒适条件	1 100m	1 100m
$v = 80 \text{km/h}$	洗净的路面,除隧道口区段	其他情况
障碍物 0.15m	2 200m	2 900m
障碍物 0.35m	1 700m	2 200m
路面	4 200m	5 500m
舒适条件	2 000m	2 000m

2.1.2.2 凹形竖曲线

凹形竖曲线的半径必须保证停车视距要求,一般情况下假定货车驾驶员视高 2.50m。当隧道净空缩小时,可分为以下三种情况:

(1) $h = 1\text{m}$,最小净高 $H_m = 2.15\text{m}$。
(2) $h = 2\text{m}$,最小净高 $H_m = 2.85\text{m}$。
(3) $h = 2.5\text{m}$,最小净高 $H_m = 3.70\text{m}$。

凹曲线的最小半径可由式(2-3)计算。

$$R_{min} = \frac{d^2}{2[H_m - h + 2\sqrt{H_m \cdot (H_m - h)}]} \quad (2-3)$$

式中:H_m——最小净高;
　　　h——视高。

凹曲线最小半径由舒适度确定,如表 2-10 所示。

凹曲线最小半径表　　　　　　　表 2-10

	$v = 60 \text{km/h}$	$H_m = 2.15\text{m}$	$H_m = 2.85\text{m}$	$H_m = 3.70\text{m}$
视距	除隧道洞口段,洗净的路面	300m	250m	200m
	其他情况			250m
	舒适条件下	600m	600m	600m

续上表

	$v=80$km/h	$H_m=2.15$m	$H_m=2.85$m	$H_m=3.70$m
视距	除隧道洞口段,洗净的路面	650m	600m	500m
	其他情况	850m	800m	600m
	舒适条件下	1 000m	1 000m	1 000m

注:停车视距取自表2-3、表2-4。

2.1.4 路面横坡

当车速小于80km/h,横坡对行车舒适度没多大影响,横坡大小不是发生事故的主要原因,对于平曲线应根据其半径大小设置与之对应的超高。

当隧道净空为3.5m时,最好保持2%的横坡,以保证可能出现的液体在路面上的良好流动,当净空为2m、2.7m时,1%的值就能够满足需求。

2.1.5 曲线与直线的连接要求

根据《道路设计与几何尺寸技术指南-公路干线规划》(Autoroute Route planification)的规定,隧道线形应避免设计使驾驶员感到惊讶或琢磨不透的曲线,从而使安全性降低。

(1)避免连续大半径曲线($R>1\,000$m)连接。

(2)在大直线段(大于1km)的端头和某一种类型公路线路上,要避免半径小于300m的曲线,在快速下降的长度段的下部也一样;在较短的直线段(0.5~1km)的端头,要避免半径小于200m的曲线。

(3)排除同向连续弯道,比如几个弧形弯(非同心弯、椭圆、C形)。

(4)两条同方向的曲线应采用直线连接,直线长度不短于汽车速度3s内行驶的行程。

(5)反向弯"S形"曲线连接采用回旋线,如果这些弯值大于无超高半径可用小于50m的直线过渡。

2.1.6 平顺连接

平顺连接宜采用回旋曲线,根据L'Instruction Sur Les Conditions Techniques D'Aménagement Des Voies Rapides Urbaines(ICTAVRU,关于修建城市快车公路的技术条件的规定)规定,对于半径R小于无超高半径R_{nd}才有必要。但是,对于半径小于1 000m、车道宽小于3m的隧道,这种必要性不是很大,平顺连接可以采用回旋曲线。应避免两个回旋曲线直接衔接(没有中间的圆曲线),避免"c

曲线""卵形曲线"(由一个或几个外回旋曲线衔接的同样方向的圆曲线构成的曲线)或相似类型的布局。

对于一车道或二车道的路面,回旋曲线最小长度等于$6R^{0.4}$;对于二车道以上的路面,回旋曲线最小长度等于$9R^{0.4}$。

2.1.7 隧道纵坡

对于隧道而言,建议与 Instruction Sur Les Conditions Techniques D'Aménagement Des Autoroutes De Liaison(ICTAAL,修建连接高速公路的技术条件)中的纵坡值一致,如表2-11所示,长下坡道(>3km)纵坡超过4%时会引发安全问题,尤其在重型车通行的情况下,建议尽量避免大于4%的长下坡道。一般说来,限制隧道里道路的坡度不仅可以确保车辆顺利通行,还可以减小其对通风的需求。例如:当纵坡达到4%时,小型车辆就要多排放20%碳氧化物,而载重车辆增加的碳氧化物的排放量则是其2倍。

隧 道 纵 坡　　　　　　　　表2-11

时速(km/h)	80	100	120
最大坡度(%)	6	5	4

欧盟最低安全标准中建议:对于隧道纵坡一般要求控制在3%以内,最大不超过5%,超过3%则应做风险分析。

2.1.8 M3隧道采用的平纵指标

路线走廊带受到地形、地质条件以及输油管线等客观因素的影响,隧道所经区段基本避开了大的断层破碎带和滑坡群,但是受区域地质构造的影响,地质总体较差。在本路段隧道设计中,实际最大纵坡均不大于3%,平曲线最小半径不小于1 300m,隧道的长度及其平纵指标见表2-12。

隧道平纵线形一览表　　　表2-12

隧道名称		隧道长度(m)	坡度(%)/坡长(m)	平面线形	超高
T1隧道	左线	724.8	0.48/775	$R=1 300m$	无
	右线	714.5	0.771/740	$R=1 400m$	无
T2隧道	左线	1 784.6	2.12/1 375	$R=1 420m$	无
	右线	1 749.6	2.151/1 550	$R=1 520m$	无

2.1.9 隧道紧急停车带及车、人行横通道布设原则

隧道内每隔大约800m需设置紧急停车带,停车带长度40m,宽度3m。

上下行隧道每隔大约400m应设置人行横通道,横通道宽度1.8m,高度2.2m,并且在两个隧道之间形成至少15m³的密封空间,密封门宽度1.4m,高度2m。

每隔大约800m应设置车行横通道,横通道总宽度5m,限界宽度3.5m,限界高度2.5m,满足消防车(长8m、宽2.5m)的通行需要,最小转弯半径为19m;通道门至少应满足3.5m的通行宽度与3.5m的通行高度,另外还应预留0.9m宽×2.0m高的小门以供行人通过。

每个人行、车行横通道应设置两个门,通常情况下门是关闭的。

2.1.10 隧道建筑限界

本项目按高速公路双向六车道设计,路面宽度11.5m,限高5.25m,原招标文件中隧道总宽度13.5m(1.0m+0.5m+3.5m×3m+0.5m+1.0m),后经过论证隧道总宽度调整为13.0m(0.75m+0.5m+3.5m×3m+0.5m+0.75m)。

根据欧洲最低安全标准,当慢车道宽度小于3.5m且允许大吨位车辆通行,应在危险分析的基础上采取辅助或加强措施来加强安全。

2.2 隧道工程地质

2.2.1 隧道围岩分级

Terzaghi在1946年根据不同岩性和构造条件将隧道围岩分为九级,并在北美的隧道掘进中被广泛应用。Deere在1964年提出了利用岩石质量(RQD)进行隧道围岩分级。苏联专家以岩石的坚固性(主要是强度指标)为基础,利用岩石的坚固系数(即普氏系数f)对隧道围岩进行了分级。自1973年起,Bieniawski开始建立围岩分级RMR体系,在1976年得到广泛的应用之后,Bieniawski对RMR分级参数进行了多次修正。由于该方法较全面地考虑了影响隧道围岩稳定性的众多因素,在全世界应用较为广泛。1974年Norwegian技术中心在200多个已建成隧道的统计数据的基础上提出了Q体系法,1993年对其进行了修正,包含了来自1000多座隧道的统计数据,为隧道围岩分级提供了量化依据。

从各国工程实践及国内外岩土工程的发展来看,以隧道围岩稳定性为基础进行分级是总的发展趋势,分级的指标大多数是从定性、经验判定向定量计算发展。随着岩体力学以及围岩探测技术的发展,多种因素综合分级法也相继出台,就目前已有几十种分级方法,但大体上可分为3类,即单一指标、多指标以及复合指标法。

1) 单一指标法

单一指标法即通过岩石的抗压强度、弹性模量、岩石抗钻性、抗爆性等单一指标进行围岩级别的划分,这种方法与地质勘察方法及技术水平有着很大的关系,应用程度受到一定的限制。

2) 多指标法

多指标法指通过两个或两个以上的岩体指标对围岩级别进行划分,如利用岩体弹性波传播速度、岩石的质量指标(RQD)、围岩自稳时间等复合指标为依据进行围岩级别的划分。

(1) 岩体的弹性波传播速度

弹性波传播速度与岩体的强度和完整性成正比,其指标反映了岩石的力学性质和岩体破碎程度的综合因素。

(2) 岩石质量指标(RQD)

1964 年,Deere 根据金刚石钻进的岩芯采取率提出一种综合反映岩体强度和岩体破碎程度的定量指标,即岩石质量指标。钻探时岩芯的采取率、岩芯的平均和最大长度是受岩体原始的裂隙、硬度、均质性影响的。RQD 是用单位长度钻孔中 10cm 以上岩芯所占比例来确定的。

$$RQD(\%) = \frac{10cm 以上的整段岩芯累计长度}{单位钻孔长度} \times 100 \qquad (2-4)$$

国外文献中,RQD 的岩芯采用双层套管且直径不小于 50mm(2inch) 的金刚石钻头钻取的。国内规范规定,RQD 的岩芯采用直径为 75mm 的金刚石钻头和双层岩芯管在岩石中连续取芯。按 RQD 进行岩石质量分级,见表 2-13。

RQD 岩石质量指标分级表　　　　表 2-13

RQD(%)	90~100	75~90	50~75	25~50	<25
岩石质量	很好	好	一般	差	很差

(3) 围岩的自稳时间

隧道开挖后,围岩通常都有一段暂时稳定的时间,不同的地质环境,自稳时间是不同的。劳费(H. Lauffer)认为隧道围岩的自稳时间 t_s 可用下式表示:

$$t_s = C \cdot L^{-(1+\alpha)} \qquad (2-5)$$

式中:L——隧道未支护地段的长度;

α——系数,视围岩情况在 0~1 之间变化;

C——常数。

劳费(H. Lauffer)根据围岩的自稳时间和未支护地段的长度,将围岩分为稳定的、易掉块的、极易掉块的、破碎的、很破碎的、有压力的、有很大压力的 7 个等级。具体的取值标准可参考有关专著。

单一综合岩性指标一般与地质勘察技术的水平有关,因此,其应用受到一定的限制。

3) 复合指标法

利用两个或两个以上指标或综合指标所表示的复合性指标进行围岩级别的划分,具有一定代表性的复合指标分级法是 N. Barton 等人提出的岩体质量指标 Q 法和 Bieniawski 的 RMR 围岩分级法。在国外,尤其是欧洲国家,这两种隧道围岩分级方法应用非常广泛。

(1) 岩体质量指标 Q 法

挪威岩土工程研究所(Norwegian Geotechnical Institute,简称 NGI)的 Barton、Lien 和 Lunde 等人,根据地下开挖工程稳定性的大量实例,提出了确定隧道岩体质量指标 Q,计算公式如下:

$$Q = \frac{RQD}{J_n} \cdot \frac{J_r}{J_a} \cdot \frac{J_w}{SRF} \tag{2-6}$$

式中:RQD——岩石质量指标;

J_n——节理组数;

J_r——节理粗糙度系数;

J_a——节理蚀变影响系数;

J_w——节理水折减系数;

SRF——应力折减系数。

第一项比值(RQD/J_n)代表岩体结构的影响,可作为块度或粒度的粗略量度。第二项比值(J_r/J_a)表示节理壁或节理充填物的粗糙度和摩擦特性,这个比值对于直接接触的未蚀变粗糙节理是比较有利的。可以预期,这类节理面的强度将接近于峰值强度,一旦发生剪切错动,这个节理势必发生急剧的扩容,因而对隧道稳定性特别有利。当节理带有黏土质矿物覆盖层和含有充填薄层时,其强度显著降低。然而,如果出现了微小的剪切位移后,节理壁彼此接触到一起,则这种接触可能成为防止隧道最终破坏的重要因素。第三项比值(J_w/SRF)由两个应力参数组成,参数 J_w 是水压的一个量度;SRF 表示开挖体通过断层带和含黏土岩层时所受的松散荷载、坚固岩石中的应力以及不坚固的塑性岩石中的挤压荷载,可把 SRF 看成一个综合应力参数。由于水压力使有效正应力降低,故水压对节理的抗剪强度起不利的作用。因此,在节理含黏土充填物的情况下,地下水可能起软化和冲刷作用。比值(J_w/SRF)代表一个复杂的经验参数,称为

"主动应力"。

为了把隧道质量指标 Q 与开挖体的性态和支护要求联系起来，Barton 等人又规定了开挖体的当量尺寸 D_e，这个参数是将开挖体的跨度、直径或侧帮高度除以开挖体的支护比 ESR（表2-14）得到的，即

$$D_e = \frac{开挖体的跨度、直径或高度(m)}{开挖体的支护比 ESR} \qquad (2-7)$$

开挖体的支护比 ESR 取值表 表2-14

	开 挖 工 程	ESR
A	临时性矿山巷道	3.0~5.0
B	永久性矿山巷道、水电站引水隧洞（不包括高水头隧洞）、大型开挖体的导洞、平巷和风巷	1.6
C	地下储藏室、地下污水处理厂、次要公路及铁路隧道、调压室、隧道联络道	1.3
D	地下电站、主要公路及铁路隧道、民防设施、隧道入口及交叉点	1.0
E	地下核电站、地铁车站、地下运动场和公共设施以及地下厂房	0.8

岩体质量（Q）指标分级充分考虑了节理的组数、节理粗糙度、节理的蚀变、节理的渗水情况以及岩块的大小、岩石的抗剪强度、作用应力等指标，根据不同 Q 值，将岩石质量划分为九级（表2-15），分别描述为特别差、极差、很差、差、一般、好、很好、极好和特别好，详细的分级标准见有关专著。隧道质量指标 Q 与开挖体不支护而能保持稳定的当量尺寸 D_e 之间的关系如图2-3所示。

岩体质量分级 表2-15

岩体质量	特别好	极好	很好	好	一般	差	很差	极差	特别差
Q	400~1 000	100~400	40~100	10~40	4~10	1~4	0.1~1	0.01~0.1	0.001~0.01

（2）RMR 围岩分级法

RMR（Rock Mass Rating）围岩分级法是南非科学和工业研究委员会（Council for Scientific and Industrial Research，简称 CSIR）的 Bieniawski 在1976年提出的，后来经过多次修改，逐渐趋于完善的一种综合指标方法。该方法考虑了岩石强度、岩石质量指标（RQD）、节理间距、节理条件、地下水特征（水量及压力）以及节理产状与隧道掘进方向的关系等指标，通过综合分析将围岩级别划分为五级。

"节理"指所有的不连续结构面，它可能是节理、断层面以及其他弱面。节理条件考虑了节理的张开宽度、连续性、表面粗糙度、节理面的状况（软或硬）以及所含的充填物等因素。

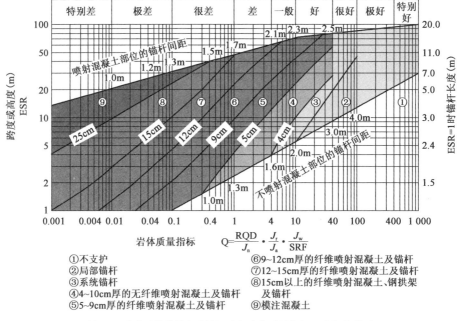

图 2-3　隧道开挖体最大当量尺寸与岩体质量指标 Q 之间的关系

RMR 分级法是采用 5 个岩体特征参数量化值，即 A_1 岩石强度（点荷载强度指数 I_s、单轴抗压强度 σ_c）、A_2 岩石质量指标（RQD）、A_3 节理间距、A_4 节理条件、A_5 地下水状况，各个参数评分值之和为即为岩体 RMR 总的基本评分值（$\text{RMR}_{\text{basic}}$），然后，再按节理方向的不同对 $\text{RMR}_{\text{basic}}$ 值做适当的修正，得出标准的 RMR（或 RMR_{89}）值，计算公式如下：

$$\text{RMR}_{\text{basic}} = A_1 + A_2 + A_3 + A_4 + A_5 \tag{2-8}$$

$$\text{RMR}_{89} = \text{RMR}_{\text{basic}} + B \tag{2-9}$$

①A_1 岩石强度和 A_2 岩石质量指标

根据点荷载强度指数 I_s、单轴抗压强度 σ_c 和岩石质量 RQD 值按照表 2-16 进行评分。

A_1 岩石强度和 A_2 岩石质量指标评分表　　　　表 2-16

	完整岩石强度（MPa）	点荷载强度 I_s	>10	4~10	2~4	1~2	此低值区最好采用单轴抗压强度		
A_1		单轴抗压强度 σ_c	>250	100~250	50~100	25~50	5~25	1~5	<1
		评分值	15	12	7	4	2	1	0
A_2	岩石质量指标 RQD(%)		90~100	75~90	50~75	25~50	<25		
	评分值		20	17	13	8	3		

②A_3节理间距

对岩体的节理进行调查,统计节理的平均间距,然后按照表2-17进行评分。

A_3节理间距评分表 表2-17

A_3	节理间距(cm)	>200	60~200	20~60	6~20	<6
	评分值	20	15	10	8	5

③A_4节理条件

对岩体节理面进行调查,根据节理面的长度、间距、粗糙程度、填充物情况和结构面处岩石风化程度等按照表2-18、表2-19进行评分,其中,结构面状态评分标准见表2-19。

A_4节理面特征评分表 表2-18

A_4	结构面特征	节理面很粗糙 不连续 未张开 两壁岩石未风化	节理面稍粗糙 张开宽度<1mm 两壁岩石微风化	节理面稍粗糙 张开宽度<1mm 两壁岩石强风化	节理面见擦痕或 含厚度<5mm 填充物或张开 宽度1~5mm 节理连续	含厚度>5mm 填充物或 张开宽度>5mm 节理连续
	评分值	30	25	20	10	0

结构面特征评分表 表2-19

结构面长度(延展性)	<1m	1~3m	3~10m	10~20m	>20m
评分值	6	4	2	1	0
张开度	无	<0.1mm	0.1~1.0mm	1.0~5.0mm	>5.0mm
评分值	6	5	4	1	0
粗糙程度	非常粗糙	粗糙	微粗糙	光滑	摩擦镜面
评分值	6	5	3	1	0
填充物	无	坚硬填充物 厚度<5mm	坚硬填充物 厚度>5mm	软弱填充物 厚度<5mm	软弱填充物 厚度>5mm
评分值	6	4	2	2	0
岩石风化程度	未风化	微风化	中风化	强风化	全风化
评分值	6	5	3	1	0

④A_5地下水状况

根据隧道掘进过程中测定的地下水水量和水压以及渗漏水情况的直观判断,按照表2-20进行评分。

A_5 地下水条件评分表 表2-20

		隧道每10m长的涌水量(L/min)	无	<10	10~25	25~125	>125
A_5	地下水	$\dfrac{\text{节理水压力}}{\text{最大主应力}}$值	0	<0.1	0.1~0.2	0.2~0.5	>0.5
		总体特征	完全干燥	潮湿	湿润	滴水	流水
		评分值	15	10	7	4	0

⑤ B 按节理产状修正

根据节理的走向和隧道轴线的关系、隧道掘进方向和节理面倾角的关系,评定节理产状对隧道开挖的影响程度,见表2-21;然后按影响程度进行评分,见表2-22。

节理走向和倾角对隧道开挖的影响程度评价表 表2-21

节理走向垂直于隧道轴线				节理走向平行于隧道轴线		不论什么走向
隧道沿倾向方向掘进		隧道反倾向方向掘进				
倾角 45°~90°	倾角 20°~45°	倾角 45°~90°	倾角 20°~45°	倾角 45°~90°	倾角 20°~45°	倾角 0°~20°
非常有利	有利	一般	不利	非常有利	一般	一般

B 按节理产状修正评分表 表2-22

节理走向及倾向		非常有利	有利	一般	不利	非常不利
评分值	隧道	0	-2	-5	-10	-12
	地基	0	-2	-7	-15	-25
	边坡	0	-5	-25	-50	-60

⑥围岩级别划分

通过对围岩的 $A_1 \sim A_5$ 5个岩体特征参数和修正系数 B 进行评分,然后计算出 $RMR_{89} = A_1 + A_2 + A_3 + A_4 + A_5 + B$ 值,按照表2-23得出围岩级别。隧道未支护跨度的稳定时间与 RMR 指标的关系见图2-4,据此,只要确定了岩体的评分值,就可以确定在要求期限内岩体保证稳定的最大跨度值,或者在给定跨度的情况下不支护时岩体能够稳定的时间。根据该围岩分级,提出了跨度为 10m 的马蹄形隧道且采用钻爆法施工时各级围岩的开挖工程支护类型指南,见表2-24。

2 隧道勘测设计

围岩级别划分表 表2-23

RMR$_{89}$值	81~100	61~80	41~60	21~40	<21
围岩级别	Ⅰ	Ⅱ	Ⅲ	Ⅳ	Ⅴ
评价结论	很好的岩体	好岩体	一般岩体	差岩体	很差的岩体

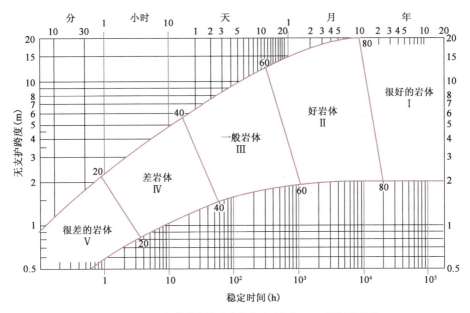

图2-4 地下开挖体未支护跨度的稳定时间与RMR指标的关系

隧道开挖和支护的岩土力学分类指南 表2-24

（形状：马蹄形；宽度：10m；垂直应力：25MPa以下；施工方法：钻爆法）

岩体级别	开挖方法	支护类型		
		锚杆（直径20mm，全黏结）	喷射混凝土	钢拱架
很好岩体Ⅰ级 RMR$_{89}$:81~100	全断面掘进，进尺3.0m	除局部用零散锚杆支护外，一般无需支护		
好岩体Ⅱ级 RMR$_{89}$:61~80	全断面掘进，进尺1.0~1.5m，距工作面20m完成支护	拱顶局部用3m长的锚杆支护，间距2.5m，偶尔需铺设钢筋网	拱顶需要的地方喷射50mm厚混凝土	不用

续上表

岩体级别	开挖方法	支护类型		
		锚杆（直径20mm，全黏结）	喷射混凝土	钢拱架
一般岩体Ⅲ级 $RMR_{89}:41\sim60$	分顶部导坑和下部台阶掘进，导坑进尺1.5~3.0m。每次爆破后开始支护，距工作面10m完成支护	拱顶和侧墙用4m长的锚杆进行系统支护。间距1.5~2m，拱顶铺设钢筋网	拱顶喷射50~100mm厚混凝土，侧墙喷射30mm厚的混凝土	不用
差岩体Ⅳ级 $RMR_{89}:21\sim40$	分顶部导坑和下部台阶掘进，导坑进尺1.0~1.5m。随掘进随支护，距工作面10m完成支护	拱顶和侧墙用4~5m长的锚杆进行系统支护。间距1.0~1.5m，都铺设钢筋网	拱顶喷射100~150mm厚混凝土，侧墙喷射100mm厚的混凝土	需要时用轻型至中型钢拱架，间距取1.5m
很差岩体Ⅴ级 $RMR_{89}:<21$	用多导坑法掘进，顶部工作面进尺0.5~1.5m。随掘进随支护，爆破后尽快用喷射混凝土支护	拱顶和侧墙用5~6m长的锚杆进行系统支护。间距1.0~1.5m，都铺设钢筋网。底板安装锚杆	拱顶喷射150~200mm厚混凝土，侧墙喷射150mm厚的混凝土，工作面喷50mm厚混凝土	中型至重型钢拱架，间距0.75m，根据需要用钢套拱和超前支护，仰拱封闭

RMR围岩分级法和岩体质量指标 Q 法都考虑了大量的信息,对地下工程围岩稳定性的各种因素做出了切实可行的综合评价,使用简便,可用于大多数岩石工程。RMR法较为重视岩体结构面的产状,但未考虑到岩体的应力。岩体质量指标 Q 法未考虑节理的产状,在评价节理粗糙度和蚀变影响因素时,却考虑了最不利节理组的特性,粗糙度和蚀变影响均代表了岩体的抗剪强度。RMR围岩分级法和岩体质量指标 Q 法之间的统计关系式如下所示：

$$RMR = 15\lg Q + 50 \tag{2-10}$$

（3）AFTES围岩分级简介

隧道开挖引起的变形和稳定情况与很多因素有关。它不仅与围岩(物理力学特性、应力状况、地下水、地温等)有着本质的联系,同时也与施工条件(开挖段长度、开挖断面大小、施工方法等)有关。隧道开挖后稳定性与RMR指标和AFTES围岩分级的相对应关系见表2-25~表2-27,其原理是根据掌子面围岩变形 (δ_Q) 和塑性区域 (R_{pl}/R_0) 的情况把围岩确定为六个等级(a→f),另外,围岩分级也与地质结构、自承载能力有直接联系。

隧道开挖过程中不同岩层结构体系评价　　　　表 2-25

岩层地质分析		地层结构	岩体结构				
			岩石完整→极破碎（土）				
应力情况			RMR				
变形形式	σ_θ(%)	R_{pl}/R_0	围岩级别	Ⅰ	Ⅱ	Ⅲ	Ⅳ	Ⅴ
弹性变形 ($\sigma_\theta < \sigma_{cm}$)	可忽略	—	a	稳定	—	—	—	不稳定
			b	—	—	块状不稳定	—	—
弹塑性变形 ($\sigma_\theta \geq \sigma_{cm}$)	<0.5	1~2	c					
	0.5~1.0	2~4	d					
	>1.0	>4	e	岩爆				碎裂结构
	—		(f)	掌子面会立即塌方				

AFTES 体系中隧道围岩 RMR 分级与稳定性关系　　　　表 2-26

岩层地质分析		地层结构	岩体结构				
			岩石完整→极破碎（土）				
应力情况			RMR				
变形形式	σ_θ(%)	R_{pl}/R_0	围岩级别	Ⅰ	Ⅱ	Ⅲ	Ⅳ	Ⅴ
弹性变形 ($\sigma_\theta < \sigma_{cm}$)	可忽略	—	a					
			b		R1~R2	R3	R4	
弹塑性变形 ($\sigma_\theta \geq \sigma_{cm}$)	<0.5	1~2	c					R6
	0.5~1.0	2~4	d			R5		
	>1.0	>4	e					
	—		(f)	掌子面立即塌方				

AFTES 围岩分级　　　　表 2-27

种类	描述	代表性岩石	单轴抗压强度 σ_c（MPa）
R1	非常坚硬	完整的石英岩、玄武岩	>200
R2a	坚硬	完整的花岗岩、斑岩、砂岩、灰岩	120~200
R2b		花岗岩、完整的灰岩、砂岩、大理岩、白云岩和致密的砾岩	60~120

续上表

种类	描述	代表性岩石	单轴抗压强度 σ_c（MPa）
R3a	较坚硬	一般的砂岩、硅质页岩、泥质砂岩、片麻岩	40～60
R3b		较完整的泥质板岩、砂石、灰岩、致密的泥灰岩、含少量节理的砾岩	20～40
R4	软岩	裂隙发育的板岩或灰岩、石膏岩、裂隙发育的砂岩、泥质砂岩、砾岩、白垩岩	6～20
R5a	极软岩和致密土	砂质泥灰岩、泥灰岩、泥炭质砂、风化的石膏岩和白垩岩	0.5～6
R5b		正常固结的含泥砂土、砾石冲积层	<0.5
R6a	塑性或松散土	泥灰土、黏土、含泥砂土、粉细砂	—
R6b		欠固结的泥炭、淤泥、无黏性的细砂	—

2.2.2 T1、T2 隧道工程地质条件

2.2.2.1 地形地貌

东西高速公路中标段 M3 段 T1 和 T2 隧道位于低山丘陵区，地形变化较大，坡陡谷深，地面高程介于 520～635m。

2.2.2.2 地层岩性

T1、T2 隧址区地层岩性主要为第四系全新统冲洪积层、更新统松散堆积的残坡积碎石土和白垩系炭质页岩夹薄层砂岩等，主要地层及岩性见表 2-28。以下就各隧道的主要地层进行简要介绍。

T1 和 T2 隧址区地层岩性简表　　表 2-28

隧道	地层	主要岩性	备注
T1	第四系	冲洪积层（Q_4^{al+pl}）粉土、粉质黏土和卵砾石土，残坡积层（Q_4^{el+dl}）碎石土	分布于隧道进出口洼地及沟谷之中
	下第三系（E）	砂岩、页岩、泥灰岩及石英砂岩互层状，单层厚度由数厘米至数米不等	厚度达数百米
	白垩系（K）	深灰、灰黑色炭质页岩夹薄层条带状钙质砂岩，产状 160°～190°∠35°～65°，随埋深加大，倾角逐渐变陡	主要分布于隧道洞身

续上表

隧道	地层	主要岩性	备注
T2	第四系	冲洪积层(Q_4^{al+pl})粉土、粉质黏土和卵砾石土,残坡积层(Q_4^{el+dl})碎石土	分布于隧道进出口洼地及沟谷之中
	第三系(E2)	砂岩夹泥岩、页岩,分为三段	分布于隧道中部
	白垩系(K2)	炭质页岩夹薄层砂岩、泥岩及灰岩,分为两段。地层具斜层理,产状一般为340°~355°∠30°~60°	主要分布于隧道中部

1) 下第三系(E)

下第三系主要分布在T1隧址区。由砂岩、页岩、泥灰岩及石英砂岩互层状,形成复杂的沉积层,单层厚度由数厘米至数米不等,区域上沉积岩层厚度达数百米。

本区自上而下可分为两个岩性段:

上段为灰绿色泥灰岩,夹钙质砂岩;下段为灰—灰白色中厚层状石英砂岩夹灰色薄层状页岩。从局部地质露头看,石英砂岩横向相变为长石石英砂岩,单层厚一般为0.4~1.5m。石英砂岩性脆坚硬,节理裂隙较发育,节理面偶见棕褐色铁锰质薄膜浸染,大多数节理裂隙中有白色石英脉充填。该层分布于隧址区南北两边陡峭的山梁之上。

2) 白垩系(K)

白垩系主要分布在T1隧道洞身段。深灰、灰黑色炭质页岩夹薄层条带状钙质砂岩;其上部多为黑灰色炭质页岩与薄层砂岩形成递变的、相互交替的韵律层沉积;下部多以深灰、灰黑色炭质页岩为主,夹少量粉砂质页岩、薄层钙质砂岩。该层构成T1隧道围岩主体,地表岩层产状一般为160°~190°∠35°~65°,但随岩层埋藏深度的增加,岩层倾角逐渐变大,洞身岩层总体产状160°~190°∠50°~80°。根据钻孔揭露,全风化层厚度19.60m,岩芯呈碎片状,岩体完整性极差。强风化层厚度30.40m,层间黏结程度极差。弱风化层最大埋深56.8m,隧道洞身段围岩层理发育,产状向南陡倾,局部近于直立。

3) 第三系(E2)

第三系主要分布在T2隧址区内。根据地层的沉积序列,第三系地层主要分为三段:

砂岩夹泥岩、页岩:分布在隧址区顶部,灰白—灰黄色、薄层—中厚层状,风化裂隙发育,夹数层泥岩、页岩。据ST4钻孔揭露(图2-5),该层厚度61.60m,砂岩最大厚度11.60m,页岩最大厚度7.50m。

页岩夹砂岩：分布在隧道中部，为隧道中部的主要围岩。灰绿色，薄层状，节理裂隙发育，夹数层钙质砂岩，据 ST5 钻孔揭示（图 2-6），页岩最大揭露厚度 5.0m，砂岩最大厚度 4.40m。

图 2-5　ST4 钻孔岩芯　　　　　图 2-6　ST5 钻孔岩芯（98～126m）

石英砂岩夹薄层页岩：分布在隧道洞身部分，灰白色，块状结构，节理裂隙发育，岩体的完整性较好，局部夹薄层页岩，据 ST3 钻孔揭示，页岩最大厚度 2.5m。

4）白垩系（K2）

主要分布在 T2 隧址区内。白垩系地层在隧址区内主要分为两段：

炭质页岩夹薄层砂岩、泥岩及灰岩：主要分布在 T2 隧道中部，灰绿色，薄层状，节理裂隙发育，岩层倾角较大，为 58°～85°，局部夹泥岩、灰岩薄层，据 ST3 钻孔揭示，该层最大揭露厚度 69.4m。

炭质页岩夹薄层泥岩、砂岩：主要分布在 T2 隧道的进口段，为隧道进口的主要围岩，深灰、灰黑色，薄层状，属于软质岩类，总体倾向北，倾角 30°～60°，根据钻孔揭露，全风化层揭露厚度 10.50m，风化呈土状；强风化层揭露厚度 23.60m，风化呈碎石状，风化裂隙发育，层间黏结程度极差，该层未揭穿。

2.2.2.3　地质构造

阿尔及利亚东西高速公路所在区地处欧洲与非洲板块结合部，在大地构造上，处于阿斯特拉—阿尔卑斯褶皱带。隧址区附近发育布那什（Bounashene）次级背斜和 F3 断裂带，如图 2-7 所示。

1）布那什（Bounashene）背斜

背斜枢纽轴近东西走向，沿费尔拉河（Ferrah oued）及哈德河（Had oued）向上游展布，核部为白垩系灰—灰黑色页岩夹薄层砂岩，两翼为下第三系石英砂岩及泥灰岩夹砂岩等组成。北翼较陡（局部倒转），南翼平缓，属不对称褶皱。由于受南北横向构造挤压的影响，背斜内软质岩石常表现为强烈的揉皱和倒转，硬

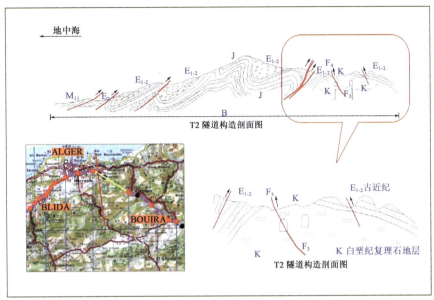

图 2-7 隧址区区域地质构造图

质岩石表现为顺层滑动和小型断层,岩层倾角由两翼向背斜轴部逐渐变陡。

T1 隧道洞身处于背斜核部附近,地表岩层产状多近于单斜南倾,倾角 35°~ 65°,但随岩层埋藏深度的增加,岩层倾角逐渐变大,尤其在深部局部产状近于直立,在接近背斜核部时,地层揉皱现象发育。T2 隧道洞身处于背斜核部偏北翼偏下部位,岩层产状北倾,上缓下陡,倾角 35°~75°。

2)断层

对隧址区的主要断裂带及断层进行统计,其主要特征见表 2-29。

T1 和 T2 隧址区主要断裂特征简表 表 2-29

名称	产状		长度 (m)	宽度 (m)	与隧道的关系	基 本 特 征
	倾向	倾角				
F3	155°~205°	55°~85°	>500	20~50	距 T1 隧道南侧 40~90m	岩性以页岩为主,夹薄层砂岩。破碎带内岩层产状紊乱,节理、劈理发育,揉皱强烈,带内可观察到多处岩层小错断和挤压滑动擦痕,局部见有断层泥、断层角砾、构造透镜体等,发育次级断层
$F4^1$	110°	65°	>20	1~1.5	与 T1 隧道相交	为 F3 次级断层。可见断层泥、断层角砾等,为平移断层
$F4^2$	205°	55°	>20	1.5~2.5	与 T1 隧道相交	为 F3 次级断层。可见断层泥,切面光滑,揉皱发育,为平移断层

(1) F3 断裂

F3 断裂带位于 T1 隧道南侧,与隧道轴线近于平行展布,距隧道南线 40～90m。断裂带岩性以页岩为主,夹薄层砂岩。该断裂带发育于背斜核部,为近东西向挤压破碎带,宽 20～50m,在隧址区断层产状为 165°～180°∠60°～85°,破碎带内岩层产状紊乱,节理、劈理发育,揉皱强烈;破碎带内可见多个小断层(图 2-8)和挤压滑动擦痕,局部见有断层泥、断层角砾、构造透镜体等,但单一断层大多规模较小,沿走向延伸短、不连续,断裂带内无明显的控制性主断层面。断裂带南侧岩层较破碎,北侧边界岩层褶皱较发育(图 2-9),北侧岩层较南侧完整。该断裂带在 T2 隧道右侧表现为断裂带上盘岩层较破碎,冲沟中小滑坡较发育,下盘岩层褶皱较发育,下盘岩层较上盘完整。断裂带沿走向呈舒缓波状,产状为 155°～205°∠55°～75°。该断裂未切穿第四系覆盖层,属非区域控制性断裂,地面地质测量和钻探工程时,未发现 F3 断裂带活动证据。

图 2-8 F3 断裂带中小断层

图 2-9 F3 北侧边界次级褶皱

受 F3 断裂构造影响,隧址区次级断层、小褶皱及节理裂隙比较发育,分述如下。

(2) $F4^1$ 断层

如图 2-10 所示,该断层在地表出露于 LK35+730 左侧 75m 处,揭露长度 20 余米,宽 1～1.5m,产状为 110°∠65°,断层破碎带内可断层泥、断层角砾等,为平移断层。

该断层分别于 LK135+63 和 RK135+610 与隧道左右洞相交,根据 ST4 号孔揭示,在 50.5～51.5m 岩芯破碎,见有层角砾,物探波速测井中该段纵波波速明显较低(1 837m/s),推测为 $F4^1$ 断层。

(3) $F4^2$ 断层

如图 2-11 所示,该断层分别于 LK135+495 和 RK135+520 于隧道左右洞相交,产状为205°∠55°,为平移断层,断层破碎带宽1.5~2.5m,见有断层泥,切面光滑,揉皱发育。

图2-10 F4¹ 断层

图2-11 F4² 断层

3) 节理裂隙

T1隧址区主要发育三组裂隙,产状分别为275°∠65°、40°∠87°及345°∠80°,裂隙规模一般较短小,大部分长度为2~8m,其节理等密度图和玫瑰图等如图2-12所示。

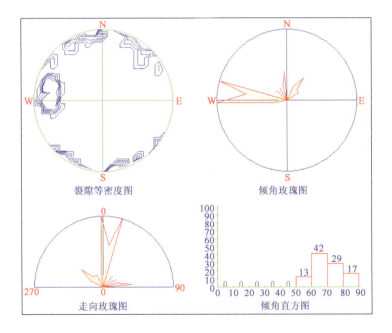

图2-12 T1隧道隧址区节理玫瑰图

T2 本区主要发育五组节理裂隙,产状分别为 110°∠65°、150°∠70°、194°∠52°、220°∠72°、260°∠78°,裂隙规模短小,大部分为 1~3m,其节理等密度图和玫瑰图等如图 2-13 所示。

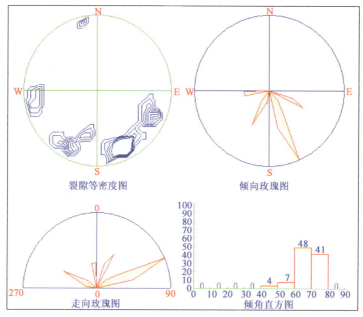

图 2-13 T2 隧道隧址区节理玫瑰图

由图可知,T1 隧道节理裂隙发育的优势方向为 NNE 向,走向 350°~20°,倾向 NW,倾角以 50°~85°为主。这与布那什(Bounashene)背斜的枢纽轴走向基本一致,表明裂隙的发育是受背斜褶皱控制的。T2 隧道节理以 NEE 向为主,走向 60°~80°,倾向 SE,倾角以 50°~80°为主,表明此处裂隙也受布那什(Bounashene)背斜一翼控制。

2.2.2.4 气候气象、水文地质

1)气候气象

项目区属典型的大陆性半炎热地中海气候,冬季气温 10℃,夏季气温约 40℃,每年 8 月最热,最高气温可达 48℃,年平均气温 17℃,4~6 月、9~10 月气候温和。降雨集中在每年 10 月~次年 4 月,平均年降雨量 500~700mm;全年大风主要集中在 11 月~次年 1 月,以东风为主,夏季有 40 天左右有来自撒哈拉大沙漠的西科罗干热风。

隧址区地表水不发育,冲沟水量受大气降雨控制,枯水季节基本无水流。隧址区植被发育,植被覆盖率一般,主要为灌木。

2)水文地质条件

隧址区地表水不发育,在 T1 隧道附近 Had Oued 和 Bouzegza Oued 上游发育两条支沟,常年流水,流量很小。水量受季节性降水影响,呈季节性变化,每年旱季近于干枯,11 月~次年 3 月为丰水期,流量稍增大,水位升高,对冲沟两岸具有一定的冲刷作用。

隧址区地下水类型主要为第四系松散堆积物孔隙水和基岩裂隙水,第四系松散堆积物孔隙水含水层为碎石土层,地下水类型为孔隙潜水,含水层分布范围小,厚度不大,故含水率也不大。基岩裂隙水主要赋存于石英砂岩及砂岩的节理裂隙中,裂隙的贯通性较好,为区内主要的含水、透水层。地下水位埋深受大气降水控制,雨季地下水位埋深较浅,旱季水位埋深较大。根据隧道钻孔水位量测,地下水高程一般为 453.50~508.30m。

2.2.2.5 地震

近年来的空间和测量结果(Arguseral.1989,De Mets et al,1990)显示,在阿尔及利亚北部地区欧亚板块和非洲板块的汇聚速度为 4~5mm/年。路线所经区域在地质构造带上,属阿特拉斯阿尔卑斯褶皱带。路线处于地中海沿岸,属于地震多发带,地震灾害相对严重,如 El Asnam1980、Chenoua1989、Constanrine1985 和 Beni Chougrane1994 均发生地震。

另外,2003 年 5 月 21 日在 BOUMERDES 发生的 6.8 级大地震,震中见图 2-14。

图 2-14 BOUMERDES 大地震示意图

根据 DTRB-C2-4《Règles Parasismiques Algériennes》阿尔及利亚防震标准（RPA 99/2003 年修订版）规定，M3 标段均属于 1A 组工程（非常重要的工程），应该满足公共设施安全和国防的需要。根据地震频率区划图，BOUIRA 省属Ⅱa 区，BOUMERDES 省的区划范围为Ⅱa 区~Ⅲ区，其中 Khechna（赫奇纳）、Hammadi（哈马迪）等属于Ⅱa 区。

规范规定，在不同的地震区域，对于不同的工程应有不同的加速度系数，见表 2-30。

地震区划与地震动峰值加速度系数　　　　　　　　　　　表 2-30

用 途 组	地震区划分组			
	Ⅰ	Ⅱa	Ⅱb	Ⅲ
1A	0.15	0.25	0.3	0.4

T1 隧道位于 Khechna、Hammadi 附近，T2 隧道跨越 BOUMERDES 和 BOUIRA 两省，两座隧道都属于Ⅱa 区，地震动峰值加速度系数为 0.25。

2.2.2.6　物理力学成果统计

在勘探期间，对一些钻孔的岩土体取样，进行了常规的物理力学性质试验，为隧道围岩分级、洞口边坡的工程地质评价、洞内支护设计计算等所需的地质参数提供了可靠的依据。

T1 隧道洞口处的黏土含少量砾砂及砾石，具有代表性，对 1.80~5.20m 深度范围内的黏土进行取样试验，其成果统计见表 2-31、表 2-32。由 T1 隧道洞口处黏土力学指标可以看出，黏土的密度在 2.07~2.14g/cm³ 之间，平均值为 2.10g/cm³，即最大深度 5.20m 处的自重压力为 109.2kPa；而相同深度的先期固结压力在 183.00~253.00kPa 之间，平均值为 228.33kPa。相同深度下，土的自重压力小于先期固结压力，说明此处黏土为超固结土。当附加荷载小于先期固结压力时，土层的压缩很微小。同时，土层的孔隙比在 0.455~0.524，平均值为 0.479；含水率在 12.60%~16.40%，平均值为 14.50%，这主要是受先期固结压力的影响，土层固结紧密，较正常固结土孔隙性小，含水率较低，透水性差。

T1 隧道洞口处黏土物理指标统计表　　　　　　表 2-31

物理指标	密度 ρ (g/cm³)	干密度 ρ_d (g/cm³)	相对密度 G_s	孔隙比 e	含水率 $w(\%)$	液限 w_L (%)	塑限 w_P (%)	塑性指数 $I_P(\%)$	稠度指数 I_c
样本数	3	3	5	3	3	6	6	6	3
最大值	2.14	1.87	2.72	0.524	16.40	40.40	20.60	19.80	1.40
最小值	2.07	1.78	2.70	0.455	12.60	32.00	16.60	15.40	1.13
平均值	2.10	1.84	2.71	0.479	14.50	35.63	18.12	17.52	1.23

T1 隧道洞口处黏土力学指标统计表 表2-32

力学指标	先期固结压力 P_C(kPa)	压缩指数 C_C	回弹指数 C_S	黏聚力 c (kPa)	内摩擦角 φ (°)
样本数	3	3	3	3	3
最大值	253.00	0.21	0.03	59.00	31.80
最小值	183.00	0.11	0.02	35.00	20.60
平均值	228.33	0.17	0.02	47.67	24.43

对隧道洞身段炭质页岩、泥岩、砂岩、灰岩及少量的白云岩进行了取样,主要试验有密度、干密度、含水率、吸水性等常规物理性质试验和岩块的天然单轴抗压强度、抗剪强度等力学性质的试验研究。其物理力学指标统计见表2-33。

隧道岩石物理力学指标统计表 表2-33

岩性	统计项目	密度 ρ (g/cm³)	干密度 ρ_d (g/cm³)	饱和吸水率 W_{sa} (%)	含水率 w (%)	单轴抗压强度 R_c (MPa)	黏聚力 c (MPa)	内摩擦角 φ (°)	备注
炭质页岩	样本数	4				2	2	2	T1 隧道岩样
	最大值	2.57				1.81	0.09	26.80	
	最小值	1.86				1.72	0.03	25.40	
	平均值	2.27				1.77	0.06	26.10	
炭质页岩	样本数	2	3		2	3			
	最大值	2.63	2.59		1.70	5.95			
	最小值	2.61	2.55		1.50	2.09			
	平均值	2.62	2.57		1.60	3.89			
泥岩	样本数	4	8		4	7			T2 隧道岩样
	最大值	2.72	2.72		0.70	13.68			
	最小值	2.69	2.56		0.10	4.20			
	平均值	2.70	2.65		0.43	8.31			
砂岩	样本数	4	8	6	4	7	4	4	
	最大值	2.65	2.64	1.78	0.80	143.20	18.60	78.80	
	最小值	2.59	2.53	0.65	0.40	68.92	2.20	52.50	
	平均值	2.63	2.59	1.25	0.53	105.61	10.12	64.63	

续上表

岩性	统计项目	密度 ρ (g/cm³)	干密度 ρ_d (g/cm³)	饱和吸水率 W_{sa} (%)	含水率 w(%)	单轴抗压强度 R_c (MPa)	黏聚力 c(MPa)	内摩擦角 φ(°)	备注
灰岩	样本数	2	6	3	2	5	2	2	T2隧道岩样
	最大值	2.65	2.69	1.25	0.90	117.27	17.70	61.90	
	最小值	2.60	2.58	0.23	0.30	16.11	13.00	57.80	
	平均值	2.63	2.65	0.71	0.60	57.59	15.35	59.85	

试验结果表明，T1 隧道的炭质页岩天然状态下单轴抗压强度在 1.72~1.81MPa之间，平均值为 1.77MPa；黏聚力在 0.03~0.09MPa 之间，平均值为 0.06MPa；内摩擦角在 25.40°~26.80°之间，平均值为 26.10°。T2 隧道的炭质页岩天然状态下单轴抗压强度在 2.09~5.95MPa 之间，平均值为 3.89MPa，T2 隧道炭质页岩抗压强度略高于 T1 隧道，表明 T2 的页岩相对较好。从指标上看，T1 和 T2 隧道页岩为极软岩。T2 隧道的泥岩抗压强度平均值为 8.31MPa，为软岩。

如图 2-15 所示为砂岩单轴抗压强度散点图，从图上看，砂岩的天然单轴抗压强度在 68.92~143.20MPa 之间，平均值为 105.61MPa；如图 2-16 所示为灰岩单轴抗压强度散点图，从图中看，灰岩的天然抗压强度在 16.11~117.27MPa 之间，平均值为 57.79MPa，灰岩的抗压强度指标离散性较大，主要是灰岩裂隙发育导致取样时不能取到完整的岩样所致；从抗压强度上，砂岩及灰岩均为硬质岩。

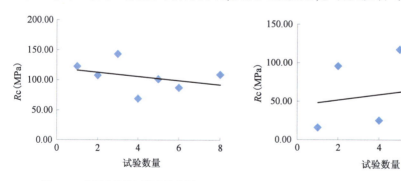

图 2-15　砂岩单轴抗压强度散点图　　图 2-16　灰岩单轴抗压强度散点图

2.2.2.7　水的腐蚀性分析

对 T1 和 T2 隧址区地下水进行取样试验，评价地下水对混凝土及混凝土结构中钢筋的腐蚀性。隧址区地下水分析成果统计见表 2-34。

水质腐蚀性试验(mg/L)　　　　　　　　表 2-34

取样位置	Ca^{++}	Mg^{++}	SO_4^-	PH	CL^-	HCO_3^-	NH_4^+	腐蚀性	保护级别
T1 隧道	31.423	10.984	80.223	7.22	8.52	49.975		无	
T2 隧道	137.88	65.61	352.67	7.45	170.4		<0.02	A1	1

根据试验成果，T1 隧道地下水对混凝土及混凝土结构中钢筋均无腐蚀性；T2 隧道地下水对混凝土及混凝土结构中的钢筋具弱腐蚀性，不需做特殊处理，但在加工混凝土构件时应保证其质量。

2.2.2.8　承载比试验

灰岩及砂岩等隧道洞渣可作为碎石集料、路基填料等被充分利用；而页岩由于其具有遇水软化、泥化等特性，作为路基填料需得进行试验验证方可使用。

为最大限度地利用隧道弃渣、减少弃方，勘察中对 T1 隧道的页岩进行了击实、承载比(CBR)、破碎系数(FR)以及损坏系数(DG)等试验，以判定隧道弃渣的可利用性。页岩的承载比在 1.6%～2.9%之间，平均值为 2.2%，变异系数为 0.298。根据 GTR 的有关规定，隧道页岩弃渣可用于路堤、桥台后填料以及路堤挡土墙后的填料，其试验成果见表 2-35。

隧道承载比试验成果统计表　　　　　　表 2-35

岩性	LA (%)	MDE (%)	损坏系数 DG (%)	破碎系数 FR (%)	击实试验 W_{opt} (%)	击实试验 ρ_{dmax} (g/cm³)	压实度 λ (%)	含水率 w (%)	干密度 ρ_d (g/cm³)	$CBR_{2.5}$ (%)	GTR
炭质页岩			9.2～11.0	7.9～11.0	8.7	2.16	98.0	8.7	2.11	2.9	R_{34} th
							95.0	8.7	2.05	2.1	
							93.0	8.7	2.00	1.6	
灰岩	26.4	24.0									R_{41}

2.2.2.9　岩土体物理力学参数建议值

由于选取各种岩土体力学参数的重要性和难度，在工程设计阶段和岩石力学试验研究过程中，仍以试验成果为依据，充分考虑各种试验成果的影响因素、变形及破坏机理，考虑试验点的地质环境和在各地质单元中的代表性，所取的各类岩土体的物理力学参数建议值列于表 2-36。

隧道围岩物理力学参数建议值表   表 2-36

岩　性	密度 ρ(g/cm³)	黏聚力 c(kPa)	内摩擦角 φ(°)
黏土	2.10	40.00	20.00
碎石土	2.20	15.00	30.00
全风化炭质页岩	2.10	40.00	18.00~20.00
强风化炭质页岩	2.30	80.00	20.00~25.00
弱风化炭质页岩	2.57	160.00	28.00~30.00
砂岩	2.10	160.00	28.00~30.00

2.2.3 隧道围岩分级

阿尔及利亚东西高速公路中标段(M3段)T1、T2隧道,隧道洞口地层岩性为第四系全新统冲洪积层、更新统松散堆积的残坡积碎石土,洞身段围岩主要为白垩系地层的石英砂岩、炭质页岩夹薄层砂岩、泥灰岩及灰岩等。

T1隧道全部为灰黑色的炭质页岩,大多呈全风化至强风化。洞口段上部以残坡积土为主,厚度大约20m;下部为白垩系(K)炭质页岩夹条带状钙质砂岩,呈现出页岩与薄层砂岩递变的、相互交替的沉积韵律。T2隧道洞口以全风化的页岩为主,洞身为强风化~弱风化的炭质页岩为主,夹有薄层砂岩和灰岩。洞身段围岩的主要特点是单层薄而累积厚度大,因此,炭质页岩及砂岩多以薄层为主,少量为中厚层状。受构造影响,地层产状多倾SE或NW,倾角多陡倾,为35°~65°,随埋深加大,倾角逐渐变陡。

隧道所在区地处欧洲与非洲板块结合部,隧址区附近发育布那什(Bounashene)次级背斜和F3断裂带。T1隧道洞身处于背斜核部附近,位于核部的地层揉皱现象发育。T2隧道洞身处于背斜核部偏北翼偏下部位,岩层产状北倾,上缓下陡。在距离T1隧道轴线南侧40~90m平行发育F3断裂带。该断裂带宽20~50m,破碎带内岩层产状紊乱,节理、劈理发育,揉皱强烈。T1隧道节理裂隙发育的优势走向350°~20°,倾角以50°~85°为主。该断裂带在T2隧道右侧表现为断裂带上盘岩层较破碎,断裂带沿走向呈舒缓波状,产状倾SE,倾角55°~75°。T2隧道节理走向以60°~80°为主,倾向SE,倾角以50°~80°为主。

综上所述,T1和T2隧道围岩主要为白垩系地层的炭质页岩,夹少量砂岩及泥灰岩;炭质页岩呈全强风化,结构破碎,强度很低,开挖后迅速风化成碎块状,容易发生顺层滑塌和掉块;砂岩性脆坚硬,节理裂隙发育,风化强烈,局部见有铁锰质浸染。隧道受构造影响明显,洞内可见多处褶皱和断层带破碎带。这些地质构造决定了隧道的围岩总体很差。

1）隧道围岩 RMR 分级参数的确定

通过试验以及对弱风化页岩、灰岩夹页岩、砂岩夹页岩等围岩的节理间距、节理面特征及地下水特征等进行野外调查,取得了一定数量的定性及定量指标,其主要参数见表 2-37。

隧道围岩分级的主要参数统计表　　　表 2-37

位置	地层岩性	抗压强度 σ_c(MPa)	岩石质量指标 RQD(%)	节理间距(cm)	节理面特征	地下水特征	RMR 分级
T1 隧道	炭质页岩	1.77	10.0~26.0	2.0~35.0	表面稍粗糙,张开宽度<1mm,岩石较破碎	每10m涌水量为16.5L/min,水压0.34MPa	Ⅳ
T2 隧道	炭质页岩夹砂岩	3.89	10.0~17.0	3.0~10.0	表面稍粗糙,张开宽度<1mm,岩石较破碎	滴水	Ⅳ
	炭质灰岩夹页岩	57.59	65.0	6.0~18.0	表面稍粗糙,张开宽度<1mm,岩石坚硬	涌水	Ⅲ
	炭质页岩夹泥岩	8.31	6.0	3.0~15.0	表面稍粗糙,张开宽度<1mm,岩石较破碎	湿润	Ⅳ
	砂岩夹炭质页岩	88.87	6.0~14.0	5.0~50.0	表面稍粗糙,张开宽度<1mm,岩石坚硬	滴水	Ⅲ
	炭质泥岩夹页岩	8.31	6.0~13.0	2.0~15.0	表面稍粗糙,张开宽度<1mm,岩石较破碎	涌水	Ⅳ
	炭质页岩	3.89	15.0~35.0	3.0~15.0	表面稍粗糙,张开宽度<1mm,岩石较破碎	潮湿	Ⅳ

此处隧道围岩分级是按下列步骤进行的,仅以 T1 隧道的弱风化炭质页岩为例进行说明,其他分级情况类似,见表 2-38。根据隧道轴线的方位可知,隧道轴线近 E-W 向;T1 隧道隧址区节理裂隙走向为 S-N 向,倾向 NW,因此,节理走向垂直于隧道轴线,倾角以 50°~85°为主,反倾向掘进,从节理产状对隧道开挖影响上看,属于一般条件。再从 RMR 按节理产状修正评分表中查出修正的评分值为 -2,所以 T1 隧道弱风化炭质页岩岩体的总评分值为 32 分,故属Ⅳ级岩体,即属于差的岩体。

T1 隧道 RMR 围岩分级评分表　　　　　　　　　　　　　　　表 2-38

分级参数		数值或说明	评分值
A_1	单轴抗压强度平均值 σ_c(MPa)	1.77	1
A_2	岩石质量指标 RQD(%)	10.0~26.0	3
A_3	节理间距(cm)	2.0~35.0	7
A_4	节理面特征	表面稍粗糙,裂开宽度<1mm,岩石较破碎	19
A_5	地下水特征	每 10m 涌水量为 16.5L/min,水压 0.34MPa	4
$\text{RMR}_{\text{Basic}} = A_1 + A_2 + A_3 + A_4 + A_5$			34
B	按节理产状修正	节理走向垂直于隧道轴线,倾角为 50°~85°	-2
$\text{RMR}_{89} = \text{RMR}_{\text{basic}} + B$			32

2)隧道围岩 RMR 分级与评价

根据隧址区地层岩性、岩石质量指标、结构面发育程度及地下水的发育情况等,并考虑节理裂隙产状的优势方向对隧道开挖的影响,对 T1 和 T2 隧道围岩进行 RMR 分级,同时对隧道开挖时各级围岩的稳定性进行评价,见表 2-39、表 2-40;并对 T1 和 T2 隧道的各级围岩长度以及各级围岩所占比例进行了统计,见表 2-41 和图 2-17、图 2-18。

T1 隧道围岩 RMR 分级与评价　　　　　　　　　　　　　　　表 2-39

序号	里程	长度(m)	围岩级别	工程地质评价
1	LK135+483.7~LK135+580	96.3	Ⅴ	主要为全风化页岩,结构松散,顶板及侧壁不稳定,支护不及时易产生大的坍塌,边仰坡均不稳定,雨季施工有可能出现滑塌现象
	RK135+487~RK135+590	103.0		
2	LK135+580~LK135+680	100.0	Ⅴ	围岩为强风化页岩,节理裂隙发育,围岩稳定性较差,侧壁不稳定,拱部易坍塌
	RK135+590~RK135+685	95.0		

续上表

序号	里程	长度（m）	围岩级别	工程地质评价
3	LK135+680～LK135+910	230.0	IV	围岩为弱风化页岩,节理裂隙较发育,岩层产状近于直立,层间结合较差,拱部易掉块,侧壁易失稳
	RK135+685～RK135+930	245.0		
4	LK135+910～LK136+010	100.0	V	拱部为强—弱风化页岩,仰拱为弱风化页岩,稳定性较差,拱部易掉块或产生小的坍塌,侧壁不稳定
	RK135+930～RK136+005	75.0		
5	LK136+010～LK136+105	95.0	V	围岩为强风化页岩,围岩稳定性较差,拱部易坍塌,侧壁不稳定
	RK136+005～RK136+090	85.0		
6	LK136+105～LK136+221	116.0	V	围岩为全风化岩页岩,顶板及侧壁不稳定,支护不及时会产生大的坍塌,边仰坡均不稳定,雨季施工有可能出现滑塌现象
	RK136+090～RK136+206	116.0		

T2 隧道围岩 RMR 分级与评价 表2-40

序号	里程	长度（m）	围岩级别	工程地质评价
1	RK140+544.7～LK140+575	30.3	V	洞口围岩稳定性差,处理不当会出现大坍塌
2	LK140+531.7～LK140+585	53.3	IV	顶板及南侧壁不稳定,支护不及时产生坍塌,边仰坡均不稳定,雨季施工有可能出现滑塌现象,雨季施工可能会出现滴水现象
	RK140+575～RK140+655	80.0		
3	LK140+585～LK140+675	90.0	IV	围岩稳定性较差,南侧壁不稳定,北侧壁相对稳定,拱部易坍塌,雨季施工可能出现渗水现象
	RK140+655～RK140+695	40.0		
4	LK140+675～LK140+780	105.0	IV	拱部易掉块,南侧壁易失稳,北侧壁基本稳定,雨季施工有可能出现渗水现象
	RK140+695～RK140+855	160.0		
5	LK140+780～LK140+820	40.0	III	拱部易掉块或产生小的坍塌,隧道南侧壁不稳定,北侧壁基本稳定,雨季施工易出现滴水现象
	RK140+855～RK140+895	40.0		
6	LK140+820～LK140+955	135.0	IV	围岩稳定性较差,拱部易坍塌,南侧壁不稳定,北侧壁基本稳定,雨季施工可能出现渗水现象
	RK140+895～RK141+025	130.0		

续上表

序号	里程	长度（m）	围岩级别	工程地质评价
7	LK140+955～LK141+105	150.0	Ⅲ	围岩稳定性较好，拱部易出现掉块现象，南侧壁容易失稳，雨季施工，有可能出现涌水现象
	RK141+025～RK141+160	135.0		
8	LK141+105～LK141+545	440.0	Ⅳ	拱部不稳定，易掉块，南侧壁不稳定，北侧壁基本稳定，施工时可能出现流水现象
	RK141+160～RK141+410	250.0		
9	LK141+545～LK141+715	170.0	Ⅲ	围岩稳定性较好，侧壁基本稳定，施工中有可能出现涌水现象
	RK141+410～RK141+600	190.0		
10	LK141+715～LK141+865	150.0	Ⅳ	稳定性较差，拱部易掉块，施工中有可能出现渗水现象
	RK141+600～RK141+745	145.0		
11	LK141+865～LK142+125	260.0	Ⅳ	围岩稳定性较差，拱部易掉块，北侧壁基本稳定，南侧壁易失稳，隧道施工中有可能出现渗水现象
	RK141+745～RK142+080	335.0		
12	LK142+125～LK142+319.3	194.3	Ⅴ	围岩稳定性较差，侧壁不稳定，拱部易坍塌，仰拱处理不当会出现坍塌现象
	RK142+080～RK142+297.3	217.3		

T1 和 T2 隧道围岩级别统计表　　　　表2-41

隧道	统计项目	Ⅴ	Ⅳ	Ⅲ	合计
T1	围岩长度（m）	981.3	475.0		1 456.3
	围岩占比（%）	67.38	32.62		
T2	围岩长度（m）	441.9	2 373.3	770.0	3 585.2
	围岩占比（%）	12.32	66.20	21.48	

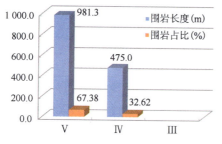

图 2-17　T1 隧道围岩长度及占比图

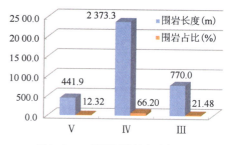

图 2-18　T2 隧道围岩长度及占比图

由图 2-17 和图 2-18 可知，T1 隧道围岩为炭质页岩组成，单洞总长为 1 456.3m，其中 Ⅴ 级围岩长度 981.3m，占 67.38%；Ⅳ 级围岩长 475.0m，占

32.62%;T1隧道以Ⅴ级围岩为主。T2隧道围岩主要由炭质页岩、砂岩、泥灰岩及灰岩组成,单洞总长为3 585.2m。其中Ⅴ级围岩长度441.9m,占12.33%;Ⅳ级围岩长2 373.3m,占66.20%;Ⅲ级围岩长770.0m,占21.48%;T2隧道以Ⅳ级围岩为主。

2.2.4 隧道软岩、极软岩工程地质特性

软岩主要指物理力学性质较低的、以黏土矿物为主的岩石,其饱和抗压强度小于30MPa。本项目隧道的软岩主要分布在T1隧道和T2隧道洞身段,包括炭质页岩、泥灰岩、钙质泥灰岩夹砂岩。钙质泥灰岩夹砂岩,强度较硬,岩层紊乱,最大厚度不足1.5m,并且很快尖灭。受构造影响岩体节理裂隙非常发育,节理宽张,节理面上有泥质物充填,岩体结合能力很弱。在洞身开挖临空的情况下,容易发生层间剥落、顺层滑坍。这种岩石受地下水影响很大,在地下水发育时,围岩级别为Ⅴ级,地下水不发育时,围岩级别为Ⅳ级。

极软岩按地质学的岩性划分,是指强度低、孔隙度大、胶结程度差、受构造面切割及风化影响显著或含有大量膨胀性黏土矿物的松、散、软、弱岩层。该类岩石多为泥岩、页岩、粉砂岩和泥质砂岩等,单轴抗压强度小于5MPa。

T1和T2隧道围岩具有上述软岩和极软岩的典型特征,从岩性和构造上可以划分为以下3种基本类型:

1)极软岩带

多为风化严重和受构造严重影响的软质岩,在T1隧道和T2隧道出口段,这种极软岩分布比较普遍。这类岩石具有如下特点:

岩石类型主要以炭质页岩为主和少量泥灰岩,成岩性差,岩质松散破碎。炭质页岩及泥灰岩遇水软化、泥化严重、迅速崩解,自稳能力极差;岩石强度低,承载能力低。

该类围岩具有明显的时空效应。隧道开挖后,掌子面的围岩在1~2h内迅速风化,强度急剧降低,稳定性极差,拱部、边墙掉块严重;导致初期支护沉降过大,产生大变形。具有易扰动性,对卸荷松动、施工开挖等外界环境干扰极为敏感。隧道洞口边、仰坡在开挖扰动后,在降雨作用下容易失稳形成滑坡,见图2-19~图2-22。

2)由岩体岩性控制的软岩带

以碳酸钙和黏土矿物为主的岩石为软质岩石,这类岩石构成隧道的主要围岩,该类围岩具有一定的初期强度和短期自稳能力。隧道开挖后,需及时进行初期支护,将块状岩体沿开挖轮廓与围岩结合成整体,构成较为稳定的"自然拱",

防止突发性滑塌。由于围岩自稳时间短,因此需要及时施作二次衬砌,才能够有效避免隧道变形持续发展。初期支护放置时间过长,容易导致初期支护开裂变形,见图2-23、图2-24。

图2-19 T1隧道出口极软岩

图2-20 T2隧道出口极软岩

图2-21 隧道拱顶沉降变形

图2-22 T2出口边坡失稳

图2-23 T2隧道进口软岩带

图2-24 初期支护边墙开裂变形

3)受构造影响的岩体

岩块强度较高,岩体节理裂隙发育,尤其是张节理的发育以及褶曲构造的发育,导致岩体呈块状或碎裂状,岩体强度受软弱结构面及地下水控制,稳定性差,隧道开挖临空后,易突然出现沿结构面的崩塌、破坏,直至引发大塌方,T2 隧道洞身局部地段就属于这种类型,见图 2-25、图 2-26。

图 2-25　T2 隧道围岩小型褶皱　　　　图 2-26　T2 隧道围岩节理裂隙

3 隧道结构工程设计

3.1 土建工程安全标准

现代隧道的设计理念不仅要确保隧道结构的耐久性,还要关注为隧道安全运营服务的设备,这些设备应能保证向使用者提供可能的最高安全级别,满足舒适性的要求,并使使用者在行车过程中得到最醒目的信息标示。

关于隧道的最低安全要求主要参考 2004 年颁布的 2004/54/CE 号欧盟指令。

2004/54/CE 号欧盟指令适用于长度超过 500m 的已运营、在建或将建的隧道,涉及基础设施、运营管理、隧道使用者及车辆等几个方面,其目的是保证隧道使用者能够得到最起码的安全标准,降低事故率,并能够在发生危险时或事故中对人员生命、环境、隧道设施进行保护。在设计中应进行系统检查,当有特殊情况时应进行危险分析,该分析必须考虑所有设计要素以及对安全产生影响的行驶条件,特别是交通的类型及特点、隧道长度和几何设计以及每天预计通过的重型车辆的数量等,根据分析结果,判断是否需要采取辅助安全措施和设备来保证隧道的安全水平,可能需要执行比正常安全要求更为强制性的安全要求。

欧盟指令附件 1 对隧道安全措施做出了详细规定,包括制定此项安全措施的依据、隧道线形及结构部件的安全性指标、隧道施工及运营过程中事故和事件管理、紧急预案的制定等。

在指定隧道的安全参数时,需考虑隧道的长度、管线数量、行车道数量及宽度、平面线形、单向或双向行车、大吨位车辆的百分比、车速、阻塞风险、消防能力、隧道引道、地理环境和气象情况等因素。

参考欧盟指令,把隧道结构需要满足的最低安全性指标汇总如表 3-1 所示。

3 隧道结构工程设计

最低要求内容摘要　　　　　　　　　表3-1

交通量(辆)	每道交通量≤2 000		每道交通量>2 000			必须执行的辅助条件或意见
隧道长度(m)	500~1 000	>1 000	500~1 000	1 000~3 000	>3 000	
结构性措施 双线或更多	◐	◐				当15年预测每道交通量>10 000辆,必须执行
坡度≤5%	◐	◐				除非地形不许可,必须执行
人行道	◐	◐				当无紧急停车道,必须执行。现有隧道内既无紧急停车道又无人行道,采取加强辅助措施
至少每隔500m设应急出口	○	○	◐			在需撤离的现有隧道内,按实际情况设置应急出口
横通道,至少每隔1500m	○	○/●	○	○/●	○	长度大于1500m的双线隧道内必须执行
洞外联络道	●	●	●	●	●	若地形允许,双线或多线隧道都必须执行
至少每隔1000m设停车带	○	○	○	○/●	○/●	拟建双线隧道大于1 500m,无紧急停车道时必须执行。现有双线隧道大于1 500m,取决于分析结果
可燃和有毒液体的排泄	◐	◐				当允许运输危险品时,必须执行
结构耐火性	●	●	●	●	●	当局部崩塌会造成灾难性后果时,必须执行

○选择性的;●强制性的;◐一般情况下必须执行

3.2 隧道衬砌结构设计

3.2.1 衬砌结构形式

在欧洲隧道衬砌结构主要有两种类型,一种为在各国广泛应用的复合式衬

53

砌结构,另外一种是喷锚单层支护衬砌结构,该结构在挪威应用非常多。鉴于本隧道特殊的地质条件以及招标文件要求,采用复合式衬砌结构。

3.2.2 衬砌断面形式选择

3.2.2.1 建筑限界的确定

根据招标技术文件,隧道设计速度为 100km/h。在招标技术文件及《CETU 隧道指南》中,隧道的建筑限界规定为:限界高 5.25m(行车道和路缘带限界高度相同),行车道宽度 3.5m,侧向宽度(路缘带)0.5m,人行道宽度 1.0m(左侧和右侧人行道宽度相同)。这样建筑限界的高度就是 5.25m,宽度 13.50m,详见图 3-1。

由于隧道所处地层基本都是以页岩为主的极软岩和软岩,并且从项目临近区已经建成的布衣哈隧道建设经验看,该隧道地质情况和本项目的类似,曾采用和图 3-1 相同的建筑限界,开挖跨度大,开工后隧道变形严重、工期被迫推迟。所以外部监理建议对建筑限界进行优化调整,适当缩小断面开挖面积,降低施工风险。为此,把左侧和右侧的人行道宽度由 1.0m 调整到 0.75m,建筑限界左顶角和右顶角宽度调整为 0.5m。调整后左、右侧路缘带的自由高度减至 4.75m,4.75m 为法国高速公路隧道要求的最低高度,满足 CETU 隧道指南的规定要求,这样隧道断面能够减小,有利于控制造价。优化调整后的建筑限界如图 3-2 所示。

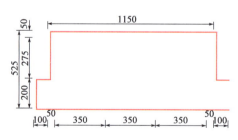 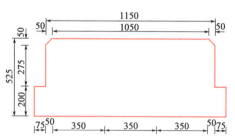

图 3-1 招标文件规定的建筑限界(尺寸单位:mm)　图 3-2 优化调整后的建筑限界(尺寸单位:m)

3.2.2.2 两种断面的经济指标比较

纵观国内外目前的 3 车道断面形式,主要有圆形(仅指拱顶和边墙为单心圆,仰拱为大半径圆弧,仰拱与侧墙间用小半径圆弧连接)和扁平形(三心圆)两种。在我国一般都是三心圆形断面,圆形断面应用较少。在欧洲,既有圆形断面,也有扁平形断面。

在保证图 3-2 的建筑限界尺寸以及满足隧道排水、隧道风机悬挂的条件下，圆形和扁平形最经济的断面如图 3-3 所示。不同断面形式经济指标对照如表 3-2 所示。

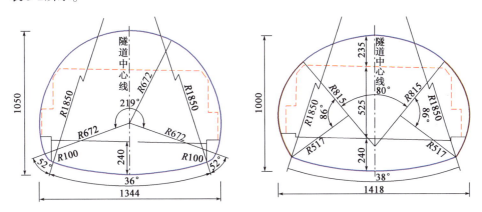

图 3-3 圆形断面与扁平形断面(尺寸单位:mm)

不同断面形式经济指标对照表　　　　　　　　　表 3-2

断 面 形 式	周长(m)	面积(m²)	最大高度(m)	最大宽度(m)	矢 跨 比
圆形	39.14	115.18	10.50	13.44	0.78
扁平形	38.96	112.66	9.85	13.21	0.69

从断面形状看,圆形断面开挖宽度较扁平形断面的小,但是开挖高度增加。从工程造价角度分析,如果按照两种断面都采用相同的支护形式(指拱架间距衬砌厚度等均相同),由于坦圆形断面减少了开挖量和混凝土量,因而坦圆形断面造价较低;但圆形断面更有利于结构受力。

3.2.2.3 断面形式的确定

为了分析不同断面的力学特性,选取圆形和扁平形两种断面,圆形断面矢跨比 $\lambda = 0.77$(内轮廓最大高度 10.40m,最大宽度 13.44m),扁平形断面矢跨比 $\lambda = 0.66$(内轮廓最大高度 9.50m,最大宽度 13.46m),隧道埋深 $H = 50$m 的 V 级围岩泥页岩地层,计算结果见图 3-4 和图 3-5,两种不同形状的断面,截面弯矩变化最大。其中圆形断面衬砌所受弯矩较扁平形断面平均减少约 25%,在拱脚,弯矩减少约 100%。鉴于本项目隧道围岩是极软岩和软质岩,为改善隧道受力条件,提高安全性,设计中选用了拱顶和边墙是单心圆的衬砌断面。

图 3-4、图 3-5 中单元 0~100 表示把隧道右半部分(由于隧道是对称结构)等分 100 等份,0 表示仰拱中线位置,单元 30 表示拱角,单元 60 在拱腰处,单元

100表示拱顶中线位置。通过分析,圆形断面衬砌所受轴力的较扁平形断面小5%~20%,在仰拱大约减小20%,在拱顶大约减小5%。扁平形断面较圆形断面弯矩增加了50%~200%,为此设计中选用了圆形衬砌断面。

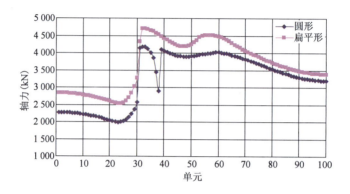

图 3-4　断面形状对衬砌轴力影响

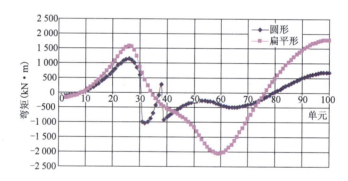

图 3-5　断面形状对衬砌弯矩影响

3.2.3　隧道支护方案设计

3.2.3.1　支护方案的选择

欧洲的隧道支护设计方法与中、日等国有较大差异,中、日规范针对不同宽度、不同围岩级别提供了对应的经验支护参数,而欧洲规范仅给出一些大概的支护措施建议,没有详细的支护参数。按中国规范设计,断面及围岩级别一旦确定,可以进行"标准化预设计",而欧洲则注重"个性化"设计。中国两车道支护参数见表 3-3。隧道支护体系与 RMR 分类关系见表 3-4。

3 隧道结构工程设计

中国规范中两车道隧道复合式衬砌的设计参数　　　　表3-3

围岩级别	初期支护							衬砌厚度(cm)	
	喷射混凝土厚度(cm)		锚杆			钢筋网	钢架	拱墙	仰拱
	拱墙	仰拱	位置	长度(m)	间距(m)				
Ⅰ	5	—	局部	2.0	—	—		30	
Ⅱ	5~8	—	局部	2.0~2.5	—	—		30	
Ⅲ	8~12	—	拱墙	2.0~3.0	1.0~1.5	局部@25×25		35	
Ⅳ	12~15	—	拱墙	2.5~3.0	1.0~1.2	拱、墙@25×25	拱墙	35	35
Ⅴ	15~25	—	拱墙	3.0~3.0	0.8~1.2	拱、墙@20×20	拱墙、仰拱	45	45
Ⅵ	通过试验、计算确定								

隧道支护体系与RMR分类关系　　　　表3-4

AFTES分类	围岩级别	锚杆	喷射混凝土	钢筋网	拱架	玻璃纤维锚杆
R1-R2	b/Ⅱ	局部	必须	—	—	—
R3	[c/Ⅱ-Ⅲ]	局部	必须	局部	—	—
R4	[c/Ⅳ-b/Ⅳ]	必须	必须	必须	必须	—
R5	d/Ⅳ	必须	必须	必须	必须	掌子面
R6	b-c-d/Ⅴ	必须	必须	必须	必须	掌子面

3.2.3.2 锚杆设计

在当前的隧道支护体系中,锚杆是一种十分有效的支护方式。在国内,由于主要采用以人工手持风枪的钻爆法凿眼,锚杆长度超过4m,钻孔施工难度增大,系统锚杆的长度一般不超过4m。但在欧洲,由于机械化程度较高,一般采用锚杆钻机凿眼,锚杆长度根据围岩力学特性通过计算确定。极软岩隧道锚杆的长度一般为6~12m,软岩隧道锚杆长度一般采用4~6m。

关于锚杆的布置形式,国内一般布设密集的系统锚杆。锚杆对隧道的加固效应主要有悬吊效应、增强效应、成拱效应、内压效应及稳定钢拱架的作用。由于锚杆的存在,不仅为钢拱架的现场安装提供了方便,而且在一定程度上稳定了初期支护结构,有效防止其产生局部或整体失稳,同时锚杆还可以减小初期支护与围岩之间产生的相对位移,防止初期支护产生过大的整体下沉。但是密集的系统锚杆安装大大降低了施工效率,工序繁杂,施工干扰大,围岩不能及时封闭,在一定程度上导致变形进一步增大。

本项目隧道围岩以极软岩和软岩为主,短锚杆效果不明显,不能完全穿越围岩松弛区,加之利用人工手持风钻凿眼安装锚杆,针对这种现状,采取了取消拱顶系统锚杆的支护方案,仅在拱架接头部位设置强有力的锁脚锚杆(管),以防止拱架下沉,增强刚拱架的整体稳定性。

3.2.3.3 钢拱架设计

钢架主要包括钢筋格栅、工字型钢和 H 型钢。对于型钢,工字型钢在国内应用较多,在欧洲应用较多的是 H 型钢。钢架支护必须有足够的刚度和强度,能够承受隧道施工期间可能出现的荷载,是控制围岩变形的主要措施之一。

根据项目临近区域 Bouira 隧道的建设经验,该隧道工程地质条件和本项目隧道类似,设计中采用了 HEB140 型钢拱架(相当于工字钢 I22a),施工中频频发生拱架扭曲变形、隧道坍塌等事故。为此,设计采纳了法国工程师的建议,在极软岩段优先采用了 HEB 型钢拱架,而没有采用格栅拱架。型钢拱架支撑截面大、刚度大,能够有效控制隧道开挖后的变形。型钢拱架采用 HEB220,重量相当于国内 I36c。改用 HEB220 拱架后,和 I22a 相比,拱架刚度和抗弯截面系数提高了 2.38 倍,抗弯曲能力大幅提高。这种支护体系,充分利用了钢拱架之间的成拱效应,初期支护承担全部坍落拱范围内的围岩重量。在注浆效果差、围岩强度低、自稳时间短、具有弱膨胀性的软岩地区,比较符合实际。

但是这种设计理念最大的缺点是没有充分考虑在施工机械化配置情况。在欧洲,由于机械化程度较高,拱架架设有专用设备,架设速度快。而本项目主要采用了挖掘机和人工相配合的架设方法,架设拱架难度很大。HEB220 拱架每延米重 71.5kg,平均每节拱架重 250kg,在洞内比较狭小的施工空间内,这对施工人员是一个巨大的挑战。隧道内人工架设拱架过程如图 3-6 所示。

图 3-6 隧道内人工架设拱架过程

3.2.3.4 支护方案的最终确定

针对软岩带和极软岩带岩体软硬不均、层间胶结差、围岩自稳时间短、岩石强度低、基底承载力低及易泥化的特点,设计采用了曲墙带仰拱的衬砌形式。洞口采用长管棚预加固、洞内采用超前小导管注浆或超前锚杆预加固方案。不同地质区段支护参数设计见表3-5。

隧道支护参数表　　　　　　　　　　　　　　表3-5

区　　段	喷射混凝土（cm）	钢　拱　架		是否设置临时仰拱	二次衬砌及仰拱（cm）
		间距(cm)	是否封闭		
大变形段	30	60~80	封闭	双层	60
极软岩段	30	80~100	封闭	单层	60
软岩段	30	100~120	不封闭	不设置	50

喷射混凝土均采用 RN30 混凝土,大变形段和极软岩段采用双层钢筋网,软岩段采用单层钢筋网。

在发生大变形段,隧道不仅垂直沉降很大,而且水平方收敛也很严重,说明围岩侧向压力很大。为解决水平收敛过大的问题,采用双层临时仰拱,并遵循"快挖、快支、早封闭"的原则,采取分部开挖、及时支护、各工序紧跟的施工方法,临时仰拱厚度30cm,内置 HEB220 或 HEB180 型钢。

3.2.4　二次衬砌设计

在中国和欧洲,隧道衬砌基本都采用复合式结构。但是二衬采用的混凝土强度等级差异较大。在中国,二次衬砌混凝土一般为 C25 或 C30,但欧洲一般采用 RN40。在中国,混凝土试块一般为立方体,而欧洲则为圆柱体。如果把圆柱体强度换算成立方体强度,则实际上相当于国内的 C45。

欧洲隧道二次衬砌设计习惯采用高强度的混凝土,是为了充分发挥高强度混凝土的抗压能力,但这对施工质量提出了更高的要求。采用高强度混凝土,可以适当减少二衬的钢筋使用量,在欧洲隧道洞口 20~50m 范围内,一般都采用全断面配筋,洞内一般是拱脚配筋,拱顶不配置钢筋。为了便于比较两种不同强度等级混凝土的特性。图 3-7 给出了厚度为 60cm、长度为 100cm 的混凝土板在极限承载能力状态(ULS)下轴力—弯矩关系曲线图,曲线图是根据法国 BAEL 91 mod 99 标准绘制。

从图 3-7 可以看出,高强度的混凝土,其抗压抗弯能力都得到较大提高,从中也可看出,这就是为什么欧洲普遍在洞内拱顶都采用素混凝土。例如,厚度为

60cm 的二次衬砌,假定拱顶某点的受力为 $N=3192$kN, $M=615$kN·m,那么在极限承载能力状态下,如果采用 C25 混凝土,需要的配筋面积 13.4cm²,相当于环向每延米 4 根 $\phi22$ 的钢筋,如果采用 RN40 混凝土,则不要配置钢筋(两种计算均是按 BAEL 91 mod 99 标准)。因此,适当提高混凝土强度,减少钢筋用量,提高混凝土耐久性,对降低工程造价、加快施工进度具有积极意义。

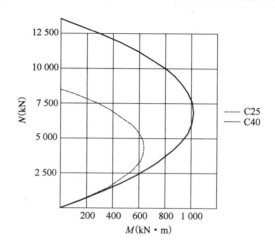

图 3-7 不同强度混凝土的轴力弯矩包络图

3.2.5 隧道衬砌结构计算

3.2.5.1 计算方法

1)概述

目前,对于隧道衬砌内力的计算理论与方法都比较成熟,国内外计算方法是基本一致的,即采用荷载结构法(The Statically Undetermined Reaction Method)或地层结构法(The Composite Solid Method)。在得到衬砌内力后,分别按照承载能力极限状态(ULS)和正常使用极限状态(SLS)状态进行复核。

需要注意的是,计算考虑了材料的劣化而引起的强度损失,比如初期支护因材料劣化(锚杆的腐蚀、锚具的劣化、喷射混凝土渗水等)而导致强度损失,二次衬砌混凝土的收缩和徐变,围岩的短期和长期形变模量等。二次衬砌计算时一般不考虑初期支护的作用,相当于把初期支护弱化为围岩,计算中可通过材料的短期变形模量和长期变形模量来实现。

根据 BAEL 规范,混凝土材料的弹性模量可按照如下公式计算:

短期变形模量,对于作用时间小于 24h 的短期荷载,混凝土的弹性变形模量为：
$$E_{ij} = 11\,000\sqrt[3]{f_{cj}}$$

长期变形模量，对于长期的荷载（结构自重、土压力），在验算混凝土变形时，考虑到徐变的作用，混凝土的弹性变形模量为：
$$E_{vj} = 3700\sqrt[3]{f_{cj}}$$

式中：f_{cj}——28 d混凝土的标准抗压强度。

在欧洲，没有像国内规范中推荐的衬砌结构设计参数表，同国内以工程类比为主的设计理念有一定的区别，是经过理论验证下的经验设计。

2）作用在衬砌上的荷载

隧道衬砌上最可能受到的作用可以按如下划分：

(1)永久荷载(G)

主要永久作用包括：

①结构自重。

②与围岩发生相互作用而产生的荷载。

③静水压力。

永久作用 G 的主要代表值为其特征值。如果 G 的变化比较小，可以使用一个单值 G_k。如果 G 的变化很大，比如说静水压力，则使用 G_k 的上限特征值或下限特征值。

素混凝土衬砌的计算一般不包括混凝土收缩。

(2)可变荷载(Q)

可变荷载一般可由其特征值 Q_k（上限还是下限根据所考虑的情况而定）来描述。

(3)偶然荷载(A)

一个偶然荷载是指持续时间很短的情况，而且在结构的设计工作寿命中出现的概率极小。偶然荷载一般由一个指定值来代表，该值作为设计值 A_d 参与计算。

3）承载能力极限状态（ULS）时荷载的组合

对结构的各种荷载作用，如果没有直接包括在设计值中，可以通过在各种荷载的代表值乘分项系数 γ_{Gj} 和 γ_{Qi} 的方法来进行估算。

(1)基本组合

这种组合包括持久设计工况和短暂设计工况，所有的隧道衬砌计算都必须进行系统考虑。表达式如下：

$$S_d = 1.35G_{kmax} + G_{kmin} + 1.5Q_k \qquad (3\text{-}1)$$

式中：G_{kmax}——所有不利的永久荷载；

G_{kmin}——所有有利的永久荷载；

Q_k——组合内主要的可变荷载，取其特征值。

（2）偶然组合

有原因表示需要对结构进行偶然作用检验时，也必须考虑这种组合。表达式如下：

$$S_d = G_k + A_d + \Psi_1 Q_k \qquad (3\text{-}2)$$

式中：A_d——所考虑的偶然荷载的设计值。可变荷载 Q 取其频遇值 $\Psi_1 Q_k$。

4）荷载组合方法

在隧道设计中，由于围岩的力学行为一般具有非线性的塑性特征，采用地层结构法时，将设计值 X_d 和围岩参数（特征值 X_k 除以一个分项系数 γ_m）引入模型数据中，可能导致围岩发生与实际不符的较大的塑性区。作用荷载乘以系数 γ_G 和 γ_Q 也会产生同样的结果。因此，最好的方法是把分项系数 γ 当作模型系数。

因此在基本组合计算中，采用土壤参数的特征值 X_k 和永久荷载的特征值 G_k，可变荷载考虑权重系数 $\gamma_q = 1.5/1.35 = 1.11$，承载能力极限状态作用效果可表述为：

$$N_u = 1.35N$$
$$M_u = 1.35M$$
$$V_u = 1.35V \qquad (3\text{-}3)$$

式中：N——计算轴力；

N_u——最终设计轴力；

M——计算力矩；

M_u——最终设计力矩；

V——计算剪力；

V_u——最终设计剪力。

3.2.5.2 隧道初期支护计算

1）计算假设

计算采用地层结构法，围岩采用 Drucker-Prager 弹塑性模型，喷射混凝土和二衬采用弹性模型。计算中选择了三个典型地质剖面分别进行计算，分别对应三种不同类型的支护形式，其中，C 型为地质最差地段支护，B 型为地质差的地段，A 型为地质较好地段。下面以 C 型支护为例，对衬砌受力状态进行分析，据此对各设计参数进行复核。计算采用国际通用工程计算软件 MIDAS/GTS。

2)模型计算参数

(1)围岩计算参数

围岩从上往下依次是全风化片状泥岩、强风化泥岩和片状密实泥灰岩以及弱风化钙质泥灰岩。计算材料的物理力学参数见表3-6。

计算所用的物理力学参数　　　　　　表3-6

材　料	重度 ($kN \cdot m^{-3}$)	变形模量 (MPa)	泊松比	黏聚力 (kPa)	内摩擦角 (°)	侧压力 系数
地层1 片状泥岩	21	100	0.40	10	20	1
地层2 泥岩和泥灰岩	22	500	0.3	50	25	0.8
地层3 钙质泥灰岩	24	2 000	0.3	200	35	0.4

(2)喷射混凝土计算参数

泊松比 $\upsilon = 0.2$;重度 $\gamma = 22kN/m^3$;28d 混凝土抗压强度标准值 $f_{c28} = 30MPa$;3d 强度 $f_{cj} = \dfrac{j \cdot f_{c28}}{4.76 + 0.83j} = 12.4MPa$。

喷射混凝土抗压强度设计值:

$$f_{bu} = \frac{0.85 f_{cj}}{\theta \gamma_b} = \frac{0.85 \times 30}{1.0 \times 1.5} = 17.0(MPa) \tag{3-4}$$

喷射混凝土抗拉强度设计值:

$$f_{t28} = 0.6 + 0.06 f_{c28} = 2.4 MPa \tag{3-5}$$

变形模量:

$$E_{vj} = 3\,700 \sqrt[3]{f_{cj}} = 3\,700 \times \sqrt[3]{30} = 11.5(GPa) \tag{3-6}$$

(3)二次衬砌计算参数

泊松比 $\upsilon = 0.2$;重度 $\gamma = 25kN/m^3$;28d 混凝土抗压强度标准值 $f_{c28} = 40MPa$;3d 强度 $f_{cj} = \dfrac{j \cdot f_{c28}}{4.76 + 0.83j} = 16.55MPa$。

混凝土抗压强度设计值:

$$f_{bu} = \frac{0.85 f_{cj}}{\theta \gamma_b} = \frac{0.85 \times 40}{1.0 \times 1.5} = 22.67(MPa) \tag{3-7}$$

混凝土抗拉强度设计值:

$$f_{t28} = 0.6 + 0.06 f_{c28} = 3.0 \text{MPa} \tag{3-8}$$

长期变形模量：

$$E = 3700 \sqrt[3]{f_{cj}} = 3.0 \text{MPa} \tag{3-9}$$

(4) 钢拱架计算参数

设计采用 HEB220 钢拱架，拱架重度为 78kN/m³，惯性矩 8.09×10^{-5} m⁴；弹性模量 210GPa，截面高度 220mm。设计采用的 E355 型钢，屈服应力为 355MPa，设计中安全系数取 1.15，则拱架允许应力为 308MPa。

(5) 锚杆计算参数

锚杆采用 HA25 和 HA32 的螺纹钢筋，锚杆的材料性能见表 3-7。

锚杆力学性能参数表 表 3-7

锚杆直径	f_y/f_t (N/mm²)	截面积 (mm²)	弹性极限拉力 F_y (kN)	屈服拉力 F_t (kN)
HA25	500/550	491	246	270
HA32	500/550	804	402	442

3) 拱架和喷射混凝土应力分担计算

设计中采用的钢拱架为 HEB220，喷射混凝土为 RN30，厚度 30cm。在计算中，把拱架和喷射混凝土作为一个整体来考虑，采用复合变形模量来简化。结构的安全验算考虑了拱架的作用。

作用在钢拱架和喷射混凝土上的力和弯矩按刚度进行分配：

钢拱架承担的力和弯矩：

$$N_{steel} = N_{sd}\left(\frac{E_{steel}A_{steel}}{E_{eq}A_{eq}}\right)$$

$$M_{steel} = M_{sd}\left(\frac{E_{steel}J_{steel}}{E_{eq}J_{eq}}\right) \tag{3-10}$$

$$T_{steel} = T_{sd}$$

式中：N_{sd}——轴力设计值；

M_{sd}——弯矩设计值；

T_{sd}——剪力设计值；

E_{steel}——钢拱架弹性模量；

A_{steel}——钢拱架截面积；

A_{eq}——等效截面面积；
J_{steel}——钢拱架截面转动惯量；
J_{eq}——等效截面转动惯量。

混凝土承担的力和弯矩：

$$N_{beton} = N_{sd}\left(\frac{E_{beton}A_{beton}}{E_{eq}A_{eq}}\right)$$
$$M_{beton} = M_{sd}\left(\frac{E_{beton}J_{beton}}{E_{eq}J_{eq}}\right) \quad (3-11)$$

式中：E_{beton}——混凝土弹性模量；
A_{beton}——混凝土截面面积；
A_{eq}——等效截面面积；
J_{beton}——混凝土截面转动惯量；
J_{eq}——等效截面转动惯量。

$$A_{eq} = \frac{3}{2}\left(\frac{E_{steel}}{E_{beton}}\right) \cdot \frac{A_{steel}}{spacing} + A_{beton}$$
$$J_{eq} = \frac{3}{2}\left(\frac{E_{steel}}{E_{beton}}\right) \cdot \frac{J_{steel}}{spacing} + J_{beton} \quad (3-12)$$
$$(M_{sd}, N_{sd}, T_{sd}) = \gamma_q(M_k, N_k, T_k)$$

式中：(M_k, N_k, T_k)——弯矩、轴力、剪力计算值；
spacing——拱架间距；
γ_q——安全系数，$\gamma_q = 1.35$。

钢拱架的安全性的评价按照 Von Mises 准则判定，钢拱架中所受的应力为：

$$\sigma_{steel} = \frac{N_{steel}}{A_{steel}} \pm \frac{M_{steel}}{W_{steel}}$$
$$\tau_{steel} = \frac{T_{sd}}{A_{steel}} \quad (3-13)$$
$$\sigma_{id} = \sqrt{\sigma^2 + 3 \cdot \tau_{steel}^2} \leq f_{ed}$$

当混凝土所受的轴力和弯矩小于允许值时认为混凝土结构是安全的：

$$(M_{beton,sd}, N_{beton,sd}) \leq (M_{beton,rd}, N_{beton,rd}) \quad (3-14)$$

不同拱架间距下喷射混凝土和钢拱架内力分配见表3-8。

不同拱架间距喷射混凝土和钢拱架的内力分配比例 表3-8

拱架间距（m）	混凝土轴力 N	混凝土弯矩 M	钢拱架轴力 N	钢拱架弯矩 M
0.6	49.3%	46.3%	50.7%	53.7%
0.8	53.0%	49.5%	47.0%	50.5%
1.0	56.2%	52.4%	43.8%	47.6%
1.2	59.0%	55.0%	41.0%	45.0
1.5	62.6%	58.9%	37.4%	41.6%

4）拱架和喷射混凝土应力分担计算

计算选取模型尺寸为120m×80m×75m（图3-8），即横断面方向120m，沿路线方向长度80m，垂直方向取至地表75m。计算中考虑锚杆对围岩的加固作用和拱架对围岩的支撑作用，初期支护完全承担施工期间可能出现的全部荷载。隧道围岩开挖后应力释放为20%，初衬施作完成后围岩应力释放80%。支护安装取较大的应力释放系数是为了充分评估结构的承载能力，因为隧道围岩主要以页岩、泥岩等极软岩为主，变形大，而且变形时间很长。

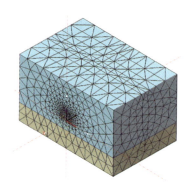

图3-8 计算模型

隧道施工方案为考虑临时仰拱的上下台阶法，即首先开挖上台阶围岩，施作上台阶拱架和喷射混凝土初衬，并施作临时仰拱；再开挖下台阶围岩，施作下台阶初期支护。

5）计算结果及分析

（1）变形分析

图3-9和图3-10分别为上台阶开挖后的拱顶沉降量和下台阶支护完成后

隧道的水平收敛情况,表3-9给出了施工中各阶段的水平收敛和拱顶沉降量。

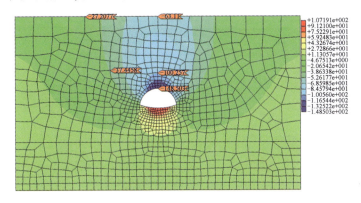

图3-9 上台阶开挖拱顶沉降量

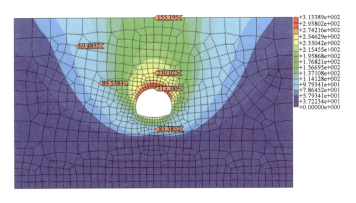

图3-10 下台阶支护后围岩水平收敛

隧道水平收敛和垂直沉降量模拟计算结果　　　　表3-9

施 工 阶 段	水平最大收敛(mm)	最大垂直沉降(mm)
上台阶开挖	71.1	148.5
上台阶支护	73.3	197.2
下台阶开挖	158.1	273.7
下台阶支护	173.1	313.8

结果表明,下台阶开挖后,围岩水平收敛值迅速增大,这是由于开挖过程中将临时仰拱拆除,从而导致围岩应力释放造成的。因此我们的建议是增加直径73mm、长6m的微桩,通过微桩把钢拱架紧紧地锚固在围岩上。

(2)初期支护受力分析

①上台阶开挖及支护

图3-11给出了上台阶支护完成后初次衬砌的最大主应力云图,表3-10汇总了初次衬砌的代表性部位在不同施工各阶段时的应力。

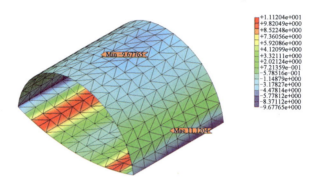

图3-11 上台阶初期支护完成后衬砌最大主应力云图

初期支护不同部位的应力(MPa) 表3-10

部　位	外侧(MPa)	中间(MPa)	内侧(MPa)
拱顶	-11.16	-10.28	-8.83
临时仰拱	-23.08	-7.57	-8.09
临时仰拱与边墙角部	35.43	-10.26	-55.04

可以看出,在临时仰拱的拱脚,由于存在尖锐的棱角,模型计算过程中会存在异常,实际应力可能会小很多,但是并不影响整体计算结果。拱顶部位应力适中,可以接受,但是临时仰拱与边墙的连接部,应力太大,需要加强,为此增加了斜向HEB220支撑(图3-12)。

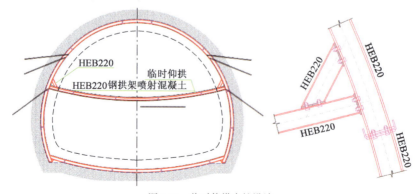

图3-12 临时仰拱支护设计

通过以上分析,可以看到临时仰拱的重要性。在施工初期,临时仰拱中钢拱架曾采用 HEB180,在大变形段落拱架也发生了严重的扭曲,后将钢拱架调整为 HEB220(图 3-13)。

图 3-13　T2 隧道出口初期支护变形

②下台阶开挖和支护

图 3-14 为下台阶支护完成后初次衬砌外侧的最大主应力云图,表 3-11 给出了施工各个阶段的衬砌中的应力。拱顶和仰拱的应力适中,在边墙和拱脚连接部,应力大小可以接受。

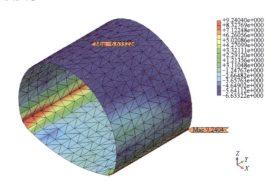

图 3-14　下台阶喷锚支护完成后衬砌外侧最大主应力云图

初期支护衬砌中的应力　　　　表 3-11

部　　位	外侧(MPa)	中间(MPa)	内侧(MPa)
拱顶	-13.67	-12.60	-11.81
仰拱	-13.60	-8.60	-3.60
拱脚及边墙	10.05	-9.50	-26.76

③验算初期支护结构的应力

根据 AFT 和 CETU 中的计算规定,在应力计算过程中,一般不对单项荷载乘以分项系数,如果单项荷载乘以分项系数,则会出现与实际不相符的塑性圈,所以另一种可以接受的方法是,不对单项荷载乘以分项系数,而是在应力计算结果中乘以荷载分项系数。材料的强度允许值则是用材料的设计值除以安全系数。

喷射混凝土允许压应力:$0.85 \times 30/(1.5 \times 1.35) = 12.6(\text{MPa})$;

喷射混凝土允许拉应力:$0.07 \times 30/(1.5 \times 1.35) = 1.0(\text{MPa})$;

钢拱架允许应力:$355/(1.35 \times 1.1) = 239.1(\text{MPa})$。

根据上述的拱架中和喷混凝土中应力分担计算方法,下面给出不同拱架间距下拱架和混凝土中的应力,如表 3-12 所示。

不同拱架间距下喷射混凝土和拱架中的应力　　　　　表 3-12

间距(m)	位置	喷射混凝土(MPa)		钢拱架(MPa)	
		σ_{max}	σ_{min}	σ_{max}	σ_{min}
0.6	拱顶	7.57	5.21	151.58	62.80
	边墙	8.07	1.0	148.86	76.57
	仰拱	10.26	0.22	152.74	62.80
0.8	拱顶	8.12	5.63	187.58	77.79
	边墙	8.41	1.34	183.99	95.18
	仰拱	10.51	0.46	197.01	77.79
1.0	拱顶	8.59	5.99	218.80	90.82
	边墙	8.71	1.64	213.35	111.54
	仰拱	10.73	0.67	239.12	90.82
1.20	拱顶	9.01	6.30	246.17	102.28
	边墙	8.97	1.90	241.98	136.07
	仰拱	10.92	0.85	279.46	102.28

6)计算结论

由于泥岩对水的高灵敏性以及本身很低的围岩强度,设置仰拱是非常有必要的。通过计算可以看出,临时仰拱对于预防拱顶沉降和水平收敛具有重要的作用。

根据以上分析,拱架最优间距为 1.0m,我们建议拱架间距保持在 0.80m ± 0.2m。在这个间距下,如果不考虑拱架拱脚处出现的应力集中,那么钢拱架应力就在 58.69~239.12MPa 之间,混凝土中应力在 0.15~10.73MPa 之间变化,满足规范要求。在实际施工中钢拱架通过螺栓固定连接,目的是为了减轻拱脚部位的过大集中应力。

由于地下水对泥岩的显著影响,因此建议在围岩表面出现渗水、滴水的情况下,拱架间距取 0.6m;围岩干燥无渗水现象拱架间距宜取 1.0m。

3.2.5.3 隧道二次衬砌结构计算

二次衬砌计算采用荷载结构法,计算过程中选择两个剖面进行计算,分别对应为地质较差和地质较好地段。

1)材料特性

(1)围岩特性

隧道穿越地层以全风化、强风化、弱风化页岩为主,中间夹砂岩或灰岩,为此在计算中分为两种类型断面(埋深均大于 30m)。围岩的力学特性见表 3-13。

围岩地质参数表   表 3-13

断面	$\gamma(kN \cdot m^{-3})$	$E(GPa)$	μ	$c(MPa)$	φ	K_0
断面 1	24	2.0	0.30	0.20	35	0.4
断面 2	24	0.5	0.30	0.05	25	0.6

注:K_0 表示围岩侧压力系数;变形模量表示长期模量。

(2)混凝土力学参数

混凝土力学参数见表 3-14。

混凝土力学参数   表 3-14

混凝土强度 (MPa)	安全系数		混凝土允许应力(MPa)	变形模量 E (MPa)	重度 (kN/m³)	泊松比 μ
	基本组合	偶然组合				
40	1.5	1.15	26.7	12650	25	0.2

(3)钢筋力学参数

钢筋混凝土型号是 Fe E500,其力学特性是:

弹性极限:500MPa;

变形模量:210GPa。

承载能力极限(ULS)状态下,钢筋允许拉应力:

基本组合:435MPa;

偶然组合:500MPa。

正常使用极限状态(SLS)状态下,钢筋允许拉应力250MPa。

2)荷载

计算中考虑的作用在衬砌上应力为:①结构的自身重量(P_p);②土压力(P_v表示垂直土压力;P_h表示水平土压力);③膨胀压力(P_{gv}表示垂直压力;P_{gh}表示水平压力);④局部不稳定楔体荷载(D);⑤地震作用,包括地震动土压力和地震对结构的惯性力。

(1)结构自重

结构自身重量在计算过程中得到了考虑,其重度为25kN/m³。

(2)土压力

土压力按照太沙基(Terzaghi)理论计算(表3-15):

$$P_v = \frac{B \cdot \left(\gamma - \frac{2 \cdot C}{B}\right)}{2 \cdot \tan\varphi} \cdot \left(1 - e^{\frac{-2 \cdot H \cdot \tan\varphi}{B}}\right) \tag{3-15}$$

$$p_h = (1 - \sin\varphi) \cdot p_v$$

围岩压力($B = 27$m)　　　　　　表3-15

围 岩 压 力	断 面 1	断 面 2
围岩的垂直压力 P_v(kPa)	132	582
围岩的水平压力 P_h(kPa)	56	336

(3)膨胀力

垂直膨胀力(P_{gv})作用在仰拱上,其大小在0.3~0.6MPa之间;水平膨胀力(P_{gh})作用于侧墙上,P_{ghmin}为0.15~0.6MPa。如图3-15和表3-16所示。

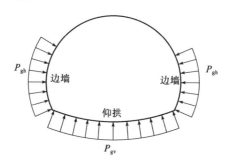

图3-15　围岩膨胀力

隧道膨胀力可能分布示意图 表3-16

序号	膨胀力分布图	序号	膨胀力分布图
1	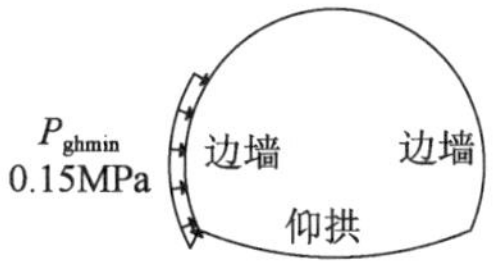 P_{ghmin} 0.15MPa 边墙 边墙 仰拱	6	 P_{ghmax} 0.6MPa 边墙 边墙 P_{ghmax} 0.6MPa 仰拱
2	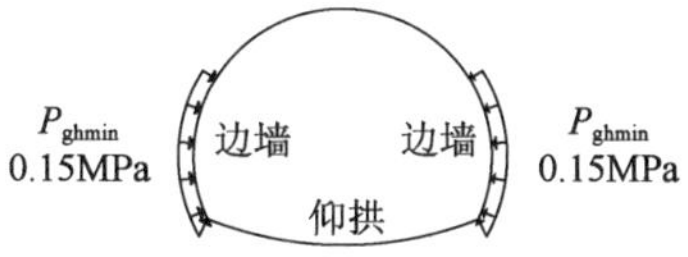 P_{ghmin} 0.15MPa 边墙 边墙 P_{ghmin} 0.15MPa 仰拱	7	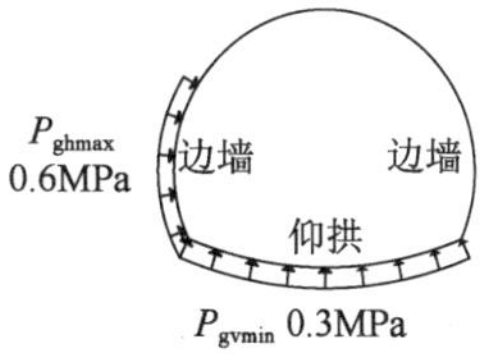 P_{ghmax} 0.6MPa 边墙 边墙 仰拱 P_{gvmin} 0.3MPa
3	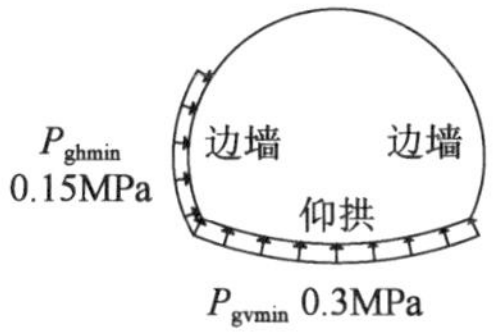 P_{ghmin} 0.15MPa 边墙 边墙 仰拱 P_{gvmin} 0.3MPa	8	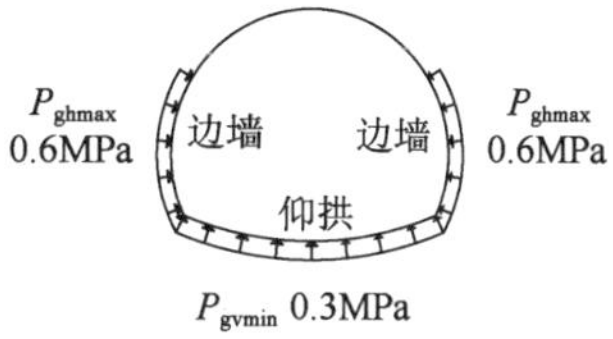 P_{ghmax} 0.6MPa 边墙 边墙 P_{ghmax} 0.6MPa 仰拱 P_{gvmin} 0.3MPa
4	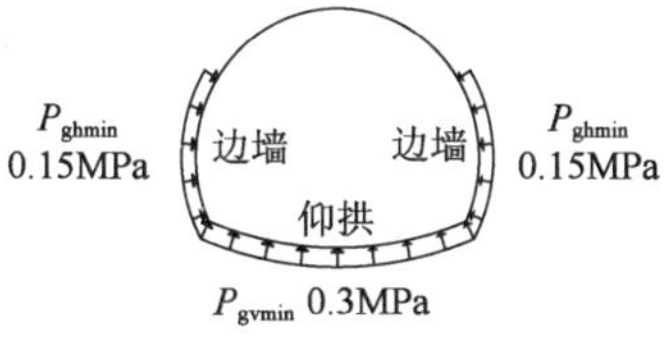 P_{ghmin} 0.15MPa 边墙 边墙 P_{ghmin} 0.15MPa 仰拱 P_{gvmin} 0.3MPa	9	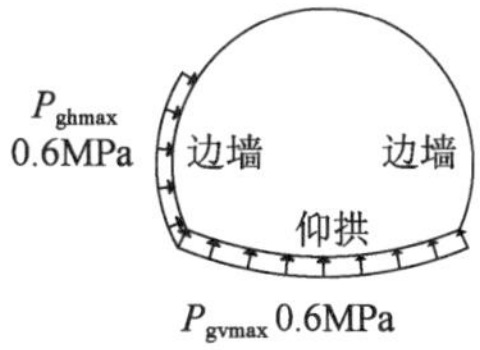 P_{ghmax} 0.6MPa 边墙 边墙 仰拱 P_{gvmax} 0.6MPa
5	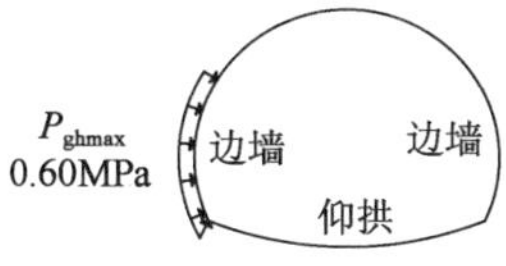 P_{ghmax} 0.60MPa 边墙 边墙 仰拱	10	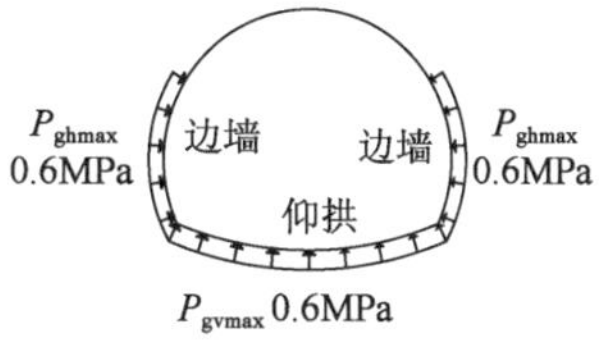 P_{ghmax} 0.6MPa 边墙 边墙 P_{ghmax} 0.6MPa 仰拱 P_{gvmax} 0.6MPa

（4）局部不稳定楔体荷载

局部不稳定楔体荷载主要是指开挖后可能产生的楔形坍落体，从而引起荷载不均匀分布，主要是针对衬砌背后空洞等原因而提出的。如表3-17所示。

局部不稳定楔形体荷载分布示意图 表3-17

两面体荷载	对称两面体最大荷载 D_{cmax}	对称两面体平均荷载 D_{cmoy}	偏心两面体最大荷载 D_{dmax}	偏心两面体平均荷载 D_{dmoy}
荷载分布示意图	12m高、8m宽	6m高、8m宽	12m高、4m宽	6m高、4m宽
荷载 D	$12 \times 24 \text{kN/m}^2$	$6 \times 24 \text{kN/m}^2$	$12 \times 24 \text{kN/m}^2$	$6 \times 24 \text{kN/m}^2$

注：两面体荷载不能与膨胀力同时作用。

3）荷载结合

断面1荷载组成（断面厚度50cm）

工况1：自重+土压力

工况2：自重+土压力+楔形体局部荷载（$H_{max}=6$m）

断面2荷载组成（断面厚度60cm）

工况3：自重+土压力

工况4：自重+土压力+楔形体局部荷载（$H_{max}=12$m）

工况5：自重+土压力+膨胀力

膨胀力为中等，P_{gh}在0.15~0.3MPa之间，P_{gv}为0.3MPa。

工况6：自重+土压力+膨胀力

膨胀力为中等，P_{gh}为0.3MPa，P_{gv}为0.6MPa。

4）计算模型

本次计算采用荷载结构法，衬砌的有限元离散化模型见图3-16，拱顶由节点14~节点48组成，侧墙分别由节点5~节点13和节点49~节点57组成，仰拱由节点65~节点87组成，连接角分别由节点88~节点90、节点1~节点4和节点58~节点64组成。衬砌厚度为60cm。

5）混凝土衬砌验证

素混凝土衬砌结构受力曲线包络图（图3-17）表现出了地质断面、荷载和衬砌厚度之间的相互关系。如果计算点落到在可接受区域之外，则应该采用钢筋混凝土结构。

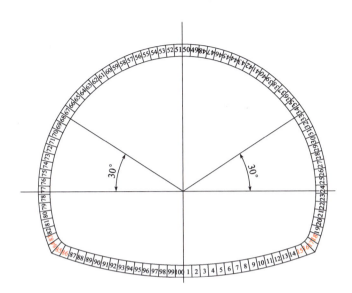

图 3-16 二次衬砌结构计算单元划分图

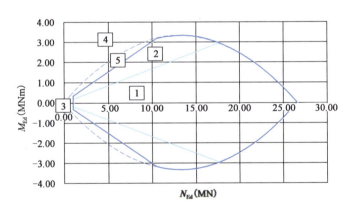

图 3-17 混凝土轴力弯矩包络图

6）二次衬砌计算结果

（1）断面 1

断面 1 的两种工况计算结果见图 3-18、图 3-19。

可以看出，在工况 1 只考虑了自重和土压力的情况下，地质情况取偏好时，采用素混凝土满足要求。

工况 2，考虑隧道里可能发生的楔形坍落体的情况下（$H_{max} = 6m$），除拱脚节点 1 和节点 61 外，采用素混凝土满足要求。

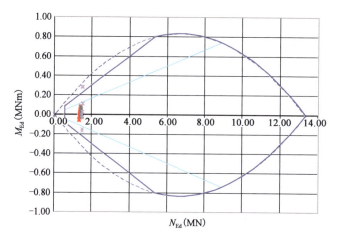

图 3-18 工况 1 计算结果

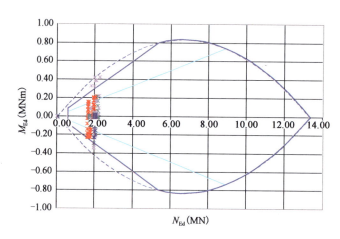

图 3-19 工况 2 计算结果

在相对有利的地质条件下,除二次衬砌边墙与仰拱交点处断面不满足要求外,其余断面采用素混凝土结构满足设计要求的,但考虑到地质的变异性,在仰拱以及仰拱-侧墙连接处布设钢筋。

(2)断面 2

断面 2 的 4 种工况计算结果见图 3-20 ~ 图 3-23。

工况 3,除节点 1 和节点 61 外,采用素混凝土满足要求,如图 3-20 所示。

工况 4,边墙与仰拱连接处需配钢筋,其余断面素混凝土满足要求,如图 3-21 所示。

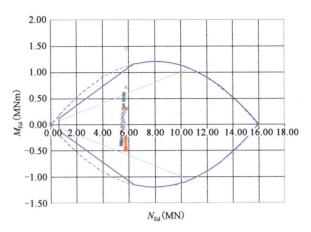

图 3-20 工况 3 计算结果

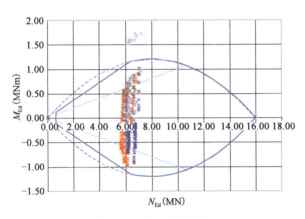

图 3-21 工况 4 计算结果

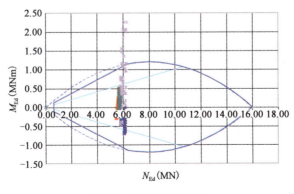

图 3-22 工况 5 计算结果

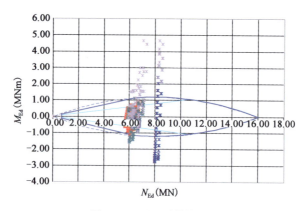

图3-23 工况6计算结果

工况5,边墙与仰拱连接处需配钢筋,其余断面素混凝土满足要求,如图3-22所示。

工况6,60cm厚时即使配筋也不满足要求,厚度需增至120cm,如图3-23所示。

(3)二次衬砌配筋原则

在欧洲,一般除洞口段或断层带等复杂地质地段外,二衬都采用素混凝土结构,但其混凝土强度等级比国内高。对于采用钢筋混凝土段落,一般应注意以下几点:

①二次衬砌钢筋配置根据弯矩图,不同部位、内外钢筋直径可以有所区别,不一定全是我国常采用的对称配筋。

②一般是在浅埋段(2倍洞径)以及断层破碎带等处配筋,钢筋搭接长度为50ϕ,不用焊接,认为焊接对钢筋有损伤。

③有条件时先采用12m长整根钢筋,以减少接头,一般不在仰拱及衬砌拱部设置接头。纵向钢筋直径多不小于$\phi16$,还有$\phi20$、$\phi25$,剪应力比较高的地方箍筋间距加密。

④钢筋保护层厚度应考虑防火要求,一般不小于5cm。

7)结论

通过对断面1与断面2在不同荷载组合下的计算,可以得出以下结论:

(1)计算结果表明,隧道拱脚处是高应力集中区,需采取配筋加强措施。采用带仰拱的衬砌结构是可行的,且在侧墙和仰拱配筋是必要的。这主要是考虑到基础岩层软硬不均以及水的作用、可能产生的膨胀力,这也有利于避免基础下存在空隙可能产生的裂缝。至于拱顶,采用素混凝土是可行的,采用高强度的混凝土,抗弯曲能力大大提高,从而避免大量的拱顶配筋。

(2)在膨胀压力达到0.3MPa以上或受到很大的不均匀荷载时,需要全断面配筋,二次衬砌采用60cm。

(3)在膨胀压力达到0.6MPa或者在荷载分布非常不对称的情况下,二次衬砌全断面配筋会变得非常必要,且衬砌厚度需加厚。

隧道二次衬砌是保持隧道稳定的最后一道防线,它不仅可以承受围岩压力以及隧道修建后的应力再分配,还具有防水功能,保持隧道内装效果,因此隧道二次衬砌设计应充分研究其工程条件与需要的力学性能,在理论分析的基础上结合工程类比进行设计,以保证二次衬砌结构的长期稳定。

3.3 隧道洞口设计

3.3.1 洞口段设计原则

欧洲隧道洞口设计比较简洁,削竹式、环框式应用较多,刻意装饰的洞门很少。隧道进洞(明暗洞交界面)位置的确定有两种方式:一种是少开挖直接进洞方式;另外一种为深挖方式。相比而言,采用深挖方式进洞者居多。在设计过程中应进行边仰坡稳定性计算、边仰坡防护(墙、桩、微桩等)及其相应锚固体系的稳定性和结构验算、基坑的整体稳定性计算、洞门结构稳定性计算等。

在设计中,对洞门形式进行了方案比选,本着简单、环保、适应地形的原则进行了洞口建筑方案设计,如图3-24所示。其特点一是环框尺寸比较大,从远处看洞门建筑比较明显,可清晰地看到洞口,便于驾驶员尽早识别,有利于行车安

图3-24 建成后T1隧道洞口

全;二是通过绿化,使隧道洞口与周围环境协调;三是具有防落石功能,防止石块直接掉落到路面上;四是建筑构件可预制现场组装。最终本项目两座隧道均采用了削竹式洞门,采取现浇混凝土环框。

3.3.2 隧道进洞方案

隧道进洞方案是隧道工程的一个重点和难点。隧道洞口一般都处于一个脆弱的动态平衡状态,洞口施工或路堑开挖时破坏了山体原有的平衡,容易产生坍塌、顺层滑动等,并且还存在洞口各部位与相关工程施工干扰、洞口弃渣处理不当,以及占用农田、影响居民生活等问题。合理地选择洞口位置,是保护环境和保证顺利施工、安全营运及节省工程造价的重要条件。

3.3.2.1 隧道洞口地形、地质条件

1) T1 隧道进口

T1 隧道的进口为一小型山脊,山脊两侧沟谷发育,林木茂密,沟内均有季节性流水。如图 3-25 所示,隧道进口上部以残坡积碎石土为主,厚度约 20m。碎石土呈黄褐色或黄绿色,以风化页岩或砂岩岩块为主,稍湿,结构中密。下部为强风化~弱风化页岩,泥质结构、页片状构造,节理裂隙发育,质软,含砂岩夹层。倾向 185°~265°,倾角 10°~80°,变化极大。其中强风化层黄绿色或灰绿色,弱风化层灰色、灰黑色。岩体破碎,节理裂隙发育。岩层含水率较大,全部属于极软岩。隧道拱顶穿越碎石土,仰拱处为强风化泥岩。

图 3-25 T1 隧道进口地貌和地层

2) T1 隧道出口

T1 隧道出口地形及地貌基本与西口相同,地面坡度 20°~35°,隧道轴线与地形等高线近于垂直,坡面植被覆盖较好。如图 3-26 所示。

图 3-26　T1 隧道出口地貌和地层

洞口可见的地层依次是：上部为第四系全新统冲洪积层（Q_4^{al+pl}），主要由粉土、粉质黏土和卵砾石土等组成厚度 9m；第四系更新统残坡积层（Q_{1-2}^{el+dl}），包括坡积碎石土、含碎石黏土，棕红色残积土及黄绿色泥灰岩全风化土等，厚度 8m。下部为白垩系（K）深灰、灰黑色页岩夹薄层条带状钙质砂岩，多为黑灰色页岩与薄层砂岩形成递变的、相互交替叠置的韵律层沉积，下部多以深灰、灰黑色页岩为主，夹少量粉砂质页岩、薄层钙质砂岩。

3）T2 隧道进口

隧道西口段为低山丘陵地貌，地面坡度约 20°坡面植被茂密。以坡积碎石土为主，最大厚度 8m，碎石以砂岩为主，由于隧道线路位置较高，且该处山坡向阳，地下水不发育。如图 3-27 所示。

图 3-27　T2 隧道进口地貌和地层

4）T2 隧道出口

隧道出口为平缓台地，地面坡度为 5°～10°，两侧均为冲沟，沟内有季节性流水。

洞口隧道为沉积较厚的松散堆积层,堆积层厚度大约15m,以碎石土为主,碎石成分为卵砾石。下部为页岩。页岩以全风化～强风化页岩为主,页岩呈深灰、灰黑色,结构破碎,开挖后在1～2h强度迅速丧失,并风化成土状或者碎块状,在水的作用下,容易泥化,并容易发生滑塌。如图3-28所示。

图3-28 T2隧道出口地貌和地层

3.3.2.2 洞口施工方案研究

我国早期隧道建设中,往往基于隧道造价较路基高的基本认识,在确定洞口位置时,常常是晚进早出,缩短隧道长度(包括明洞),以节约工程造价,这导致在一些工程中,洞口边仰坡过高,不仅破坏了原生态,无法恢复原地貌,而且使得后期运营期间产生许多工程隐患,如洞口边仰坡失稳、垮塌、落石等。通过总结以往工程建设的经验教训,且随着近年来人们环境保护意识的增强,我们逐渐摒弃了晚进洞、早出洞,节约工程造价的思路,在确定暗进洞位置时基本遵循"早进洞、晚出洞""零开挖、零埋深""不破坏就是最大的保护"的原则,这些原则在《公路隧道设计规范》(JTG D70—2014)、《公路隧道施工技术规范》(JTG F60—2009)中有明确要求,其中在《公路隧道设计规范》(JTG D70—2014)中以强制性条款的形式出现。在这些原则的基础上,根据实际地质地形条件衍生了多种适应具体条件的进洞方案,如"半明半暗进洞""假拟洞门"等,这些工程实践,取得了良好的经济效益、生态效益和社会效益。

对于隧道的进洞方案,外部监理团队的法国工程师同意中方提出的套拱加长管棚方案。但是对于暗洞的位置,存在很大争议,法方工程师不同意中方提出的零开挖进洞方案,我们普遍认可的"早进洞、晚出洞"的原则,则被法国专家称为他们在100年前修建铁路隧道时应用的方法。法国隧道专家就针对本项目地质条件较差的洞口,明确提出要按大开挖进洞,即洞顶垂直开挖高度15～20m,甚至更高,目的是开挖后有利于围岩形成拱效应。他们的观点给我们带来了巨大的冲击。根据法国专家的意见,暗洞口以大开挖方式进洞在本项目部分洞口得以实施,虽然受到地质、天气、施工等诸多因素的影响,仍有边坡局部垮塌的现象出现,但在一定的条件下,这种进洞方案仍不失为一种值得选择的方案。

在欧洲,对于地质条件较差的洞口地段,基本是提倡深开挖进洞,洞顶垂直开挖高度15~20m,仰坡高度则达到25~30m,洞口的边仰坡一般采用长锚杆喷锚加固,并有留较宽的平台。锚杆的长度具体根据计算确定,一般为6~20m,以降低浅埋段进洞风险。如图3-29所示为法国隧道洞口进洞方案,设计中仰坡高度23.2m,仰坡采用预应力锚杆加固。图3-30为由日本建筑公司承建的东标段隧道洞口,设计理念与欧洲理念相似。

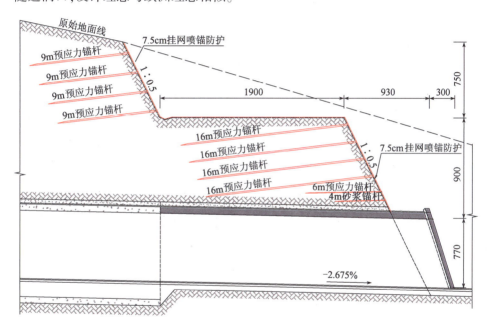

图3-29 欧洲理念下的隧道洞口进洞方案设计图(尺寸单位:mm)

对中方人员来说,"早进晚出"理念下的设计及施工习惯已经成为一种定式,一时难以接受欧洲与我们相反的设计理念。由于工期紧张,中方施工人员按照早进洞的原则率先对T1隧道进口和T2隧道进出口进行了开挖,洞顶仰坡高度控制在3~5m。但是由于在雨季进洞,连绵的阴雨加上洞口管棚施工质量较差,尽管施工前进行了洞口坡面注浆加固,但是效果很差。洞内开挖后,T1进口和T2出口初期支护都发生了大变形,洞口边仰坡出现了开裂滑塌,最后被迫对洞顶坡体进行了清方减载和重新加固。建成后的T1隧道洞口如图3-31所示。

图 3-30　东标段(日本公司)隧道洞口

图 3-31　清方减载后 T1 隧道进口和 T2 隧道进口

3.3.2.3　零开挖方案的应用

在 T2 隧道进口施工中采取了"少开挖"的中国式进洞方案,尽管外部监督有意见不能及时审批图纸,施工单位也不可能长时间等待图纸,最终采取了按中国习惯的进洞方式。进口端为砂岩夹页岩,地下水不发育,尽管在雨季施工,但因地质条件较好,开挖后边坡自稳能力较强,暗洞掘进时,沉降较小,"零开挖"进洞理念在设计施工中得到了较好的体现。进洞比较顺利,没有对原地貌造成大的破坏。

3.3.2.4　T1 隧道出口施工方案研究

T1 隧道长度只有 700m,原计划 T1 隧道只从进口独头掘进,但是施工进展相当缓慢,为了加快施工进度,在 T1 隧道进口施工大致一年后,决定增加工作面,同时从 T1 隧道进出口双向掘进。如表 3-18 和图 3-32 所示。

3 隧道结构工程设计

隧道东口进洞位置、坡率、坡高比较表　　　表3-18

项　目	方　案　一		方　案　二	
	左洞	右洞	左洞	右洞
暗洞进洞桩号	LK136+181	RK136+176	LK136+206	RK136+192
拱顶平台高程(m)	539.0	539.5	535.31	537.34
拱顶平台宽度(m)	5.0		3.0	
一级仰坡坡率	1:0.2		1:0.5	
二级仰坡坡率	1:1		1:0.75	
仰坡高度(拱顶算起)(m)	15.1~20.5		5.2~10.1	
方案采用情况	采用			

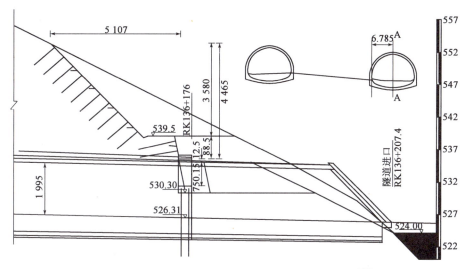

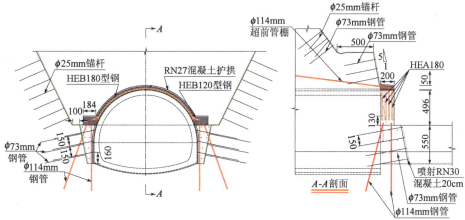

图3-32　T1隧道出口进洞开挖方案图(尺寸单位:mm)

85

对于隧道暗洞口进洞位置的确定,设计院和负责文件审查的法国 SETEC 公司存在较大分歧,按照中国规范要求和习惯,采用"早进晚出"的设计原则,而按照欧洲习惯,进洞位置往往较晚,洞口大开挖,这样造成较高的边仰坡。为此,提出了两个进洞方案,其中方案一按照欧洲习惯设计,方案二按照中国习惯设计。最终采用方案一,仰坡并没有采用欧洲常用的长锚杆加固,而采取了增加长导管注浆加固坡体。

1) 洞口仰坡计算

设计对 T1 隧道出口仰坡进行了稳定性计算。由于 T1 出口为土层和破碎的岩层边坡,破裂面为圆弧形。计算采用简化 Bishop 法,用法国 TERRASOL 公司的 TALREN4 软件。稳定性分析计算采用整体系数法,由于边坡为临时性的,施工完毕后还要进行回填,所以计算只需保证施工期间的稳定即可。安全系数的取值为:正常工况(使用期的长期稳定)下要求安全系数 $K>1.0$,非正常工况下(地震作用下)要求安全系数 $K>1.0$。

正常工况下仰坡的安全系数为 1.06,地震工况下的安全系数为 1.04。

2) 具体实施方案

T1 隧道出口具体方案如下:

(1) 采用深开挖进洞,仰坡最大高度 20m(从套拱顶起算)。

(2) 洞顶设置平台,平台高度在拱顶以上 2.5m,台阶宽度 5m,设置的目的是防碎石塌落和以后坡面维修。

(3) 一级仰坡坡率 1:0.2,二级坡率 1:1,坡面设置 PVC 排水管,管径 ϕ40mm,长度 30cm,坡面采用喷锚防护,锚杆长度 4m。

(4) 套拱长度为 2.0m,套拱厚 60cm,套拱拱脚设置 8 个 ϕ114mm 的微桩,套拱中设置 4 榀 HEA180 型钢拱架,钢拱架间距 50cm。

(5) 超前管棚采用 ϕ114mm 钢管,共 41 根,钢管长度为 27m,壁厚 10mm。

(6) 仰坡面采取边开挖边加固,尽可能减少开挖两个隧道中间的土体,左右洞之间的土体对洞口仰坡稳定起关键作用,可增加坡脚的稳定,严禁为了便于施工场地的布置将左右洞之间的土体全部挖掉。

(7) 延长明洞长度,回填后回复原始地面线。

(8) 洞顶及边坡平台设排水沟,保证坡面不受冲刷。

施工工序如图 3-33 所示。

如图 3-34 所示为 T1 隧道出口施工完的边坡。目前,T1 隧道已经贯通,并经受了两个漫长雨季的考验,洞口边仰坡仍是稳定的,洞内没有出现大变形现象,也没有出现初期支护严重开裂等现象,当然关键是边仰坡加固措施到位。

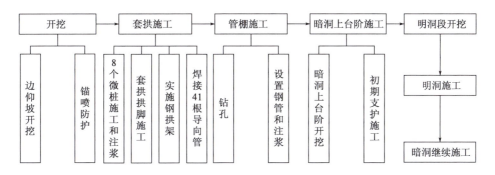

图 3-33 施工工序图

图 3-34 T1 隧道出口洞口深挖方边仰坡

3.3.2.5 两种进洞方案的对比分析

1) 中法对隧道洞口浅埋段的认识及各自的对策

法国隧道专家认为,地质条件较差的洞口浅埋段,难以产生拱效应,成洞困难。这一点和我们国内的认识是一致的,所不同的是解决这一问题的思路明显不同。

(1) 国内进洞方式的选择及对洞口浅埋段的处理。

国内进洞方式基本遵循"零开挖"进洞原则,以减少对原地貌、原生态的破坏。对浅埋暗挖段,则通常以增加大量辅助工程措施的方式解决,如地表注浆加固、洞内加强支护、主洞开挖增加侧导洞或临时仰拱等。

(2)法国进洞方式的选择及洞口处理措施。

法国专家认为浅埋段由于成洞困难,导致施工风险较大,而大量的辅助工程措施则导致工程造价增加、工期延长,他们更倾向于把问题放在明处。具体措施是:首先,增加成洞面开挖高度,由于埋深的增大,一般情况下,岩土的力学参数能得到较大的提高,有利于形成拱效应;其次,放缓仰坡,以利于仰坡稳定;第三,设置较陡的边坡,并加强边坡防护(应根据计算确定),在增加边坡稳定性的同时,既起到稳定仰坡坡脚的作用,又可减少开挖量。

2)两种进洞方式的异同

(1)大开挖进洞方案与国内通常采用的"零开挖"进洞方案相比,实质上仅由于进暗洞位置的边仰坡高度不同,而分别采用了不同的处理措施,采用大开挖进暗洞时,最终明洞回填恢复原地貌后,可达到与零开挖进洞方案基本相同的效果,实现环境保护的目的。

(2)无论采用哪种进洞方案,对边仰坡防护的及时性和及时施作明洞都应给予高度重视,防护不及时和边仰坡暴露时间过长往往是边仰坡垮塌的主要诱因。

(3)洞口施工应尽可能避免在雨季进行,必须在雨季施工时,应先完善截排水措施,再进行边仰坡开挖防护。

(4)当洞口开挖仅对原生态、原地貌产生临时性破坏,最终原生态、原地貌可得到良好恢复的情况下,不宜过分强调生态保护。

3.3.2.6 对隧道进洞方案的思考

在地质较好的情况下,采用零开挖进洞方案是妥当的,例如 T2 隧道进口,尽管在雨季进洞,但仍旧是安全的。但是对于地质较差的洞口,采用零开挖进洞,虽然降低了洞口边仰坡高度,最大限度地保护了环境,但是却增加了暗洞施工风险,对浅埋暗挖段,通常增加大量辅助工程措施,如地表注浆加固、洞内加强支护、主洞开挖增加侧导洞或临时仰拱等,这样往往工程造价很高、施工速度进度较慢。

由于深开挖方案最大限度地保留了两隧道之间土体和路基边坡,并对仰坡进行了挂网喷锚加固,能够满足施工期间的安全要求。但是仰坡开挖过高,不仅景观效应差,而且难以满足永久性安全需要。所以一般都要通过延长明洞,对边仰坡开挖范围内进行分台阶回填,实现边仰坡的永久稳定,并进行绿化,最终可达到与零开挖进洞方案基本相同的效果,实现环境保护的目的。

隧道洞口不宜过分强调在施工期间的生态保护而无视施工安全,深开挖的方案在地质条件较差的极软岩地段,尤其是浅埋段偏长的洞口,具有较大的优势,不仅能加快施工进度,降低造价,而且能降低施工风险,但是对环境影响较大。具体采用深开挖还是零开挖方案,应在进行经济、安全、环保、工期、社会影响等多因素综合评价后确定。

3.4 隧道监控量测与地质超前预报

3.4.1 监控量测项目

在施工过程中,监控量测开展以下项目:

(1)首先进行地质追踪,主要在于对掌子面的观察,通过地质素描、数码照片等方法完成。

(2)掌子面处地质勘察,即超前地质钻探,包括取芯钻探或记录参数的破坏性钻探。

(3)支护、衬砌和上覆岩层的精确变形测量,包括水平测量和收敛测量、围岩变形测量、支护的应力和应变测量。

(4)各种与开挖方法和支护方法相关的现场测量(应力、缝隙的压力,水流量等)。

3.4.2 监控量测实施

按照《阿尔及利亚东—西高速公路中标段专用技术条款(CCTP)》的要求,所有光学水准点采用"Leica ABC"或类似"全站仪"的仪器进行测量,提供所有测点的三维坐标,而不使用国内常见的收敛仪进行测量。

1)水平测量和收敛测量

水平测量和收敛测量是通过二维精密测量法和三维测量取得。

测量断面由5~8个测量点组成:隧道拱顶设置一个量测点,拱部两个点(上台阶开挖处下方),然后安置两个点在边墙处,还有两个点设置在拱脚处,测量断面间距5~20m,在地质条件不好的地段需缩短间距。量测初期,每天都要进行观测,至少持续1个月,下一个月每周一次,直到量测值稳定为止。针对页岩变形特点,在仰拱中间增加一个测点(观测是否有底鼓现象),间距80m左右。隧道内变形观测示意如图3-35所示。

测量设备和经纬仪以及执行程序允许精确度为±1mm。

对于支护的收敛测量,采用的极限值如下:

(1)警惕限值:50mm,超过后要加强收敛量测的频率。

(2)警戒限值:100mm,超过后要加强支护,尤其是要缩小拱架的间距,并且

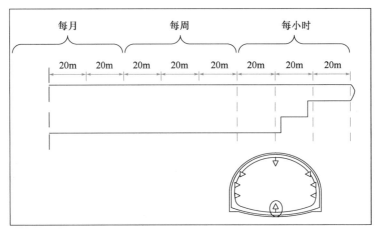

图 3-35　隧道内变形观测示意图

要进行地质方面的分析。

(3) 停工限值：150mm。

这些数值只是原则上的限值，对于局部位置上的测量，测量负责人和支护负责人可以调整为其他的数值。

净空断面量测如图 3-36 所示。

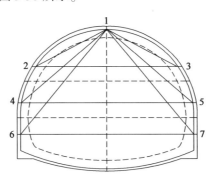

图 3-36　净空断面量测(净空线或水平测量)

2) 地表沉降的测量

沿隧道轴线每 10m 布置一排测点，隧道顶部横向各布置三个测点，在两隧道中间增设一测点，以监测隧道左右线中间地表的下沉和位移，为仰坡的稳定性评价提供依据。从隧道口开挖之前的两个星期开始测量，每天测量一次，达到稳定以后，每周测量一次。

测点布置和量测频率按照图 3-37 进行。

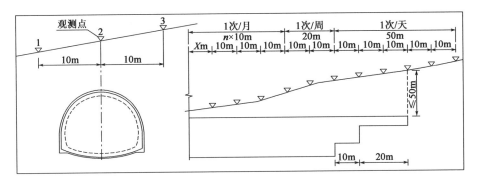

图 3-37 地表下沉及坡体稳定性量测

3) 围岩变形测量

围岩变形测量至少测不同深度的三个点,使用至少有 ±0.1mm 精确度的钻孔应变计。围岩位移检测断面间距是根据地质条件和支护类型来确定的,其间距为 5~20m,在地质条件不好的区域要加密断面。测量频率开始是每天都进行测量,然后根据测量结果决定是否改变测量频率。隧道围岩深部位移量测如图 3-38 所示。

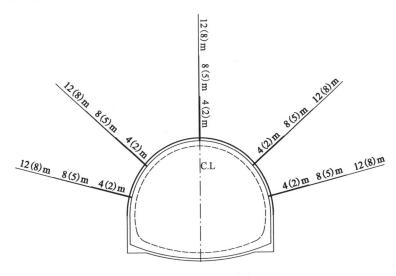

图 3-38 隧道围岩深部位移量测

4) 支护内的应力和应变测量

拱部采用 5 对应变计,下边墙设置 2 对应变计,测量报告中应提供下列结果:

(1)量测日期和测量断面的位置;
(2)实际承载的试验日期;
(3)使用设备的标准化操作说明;
(4)每阶段试验每个传感器原始测量图表;
(5)应力曲线;
(6)弹性模量计算。

5)超前地质钻探及钻孔出口处水的流量和压力的测定

隧道工程地质跟踪可实现两个目标,即判断可能遇到的地质问题和开挖中进行岩体特性分析。要求隧道全长布置超前地质钻孔,岩芯钻探可直观的通过地层,详细查明地层层序,并进行相关的取样试验。超前水平地质钻孔的布置如图3-39所示。

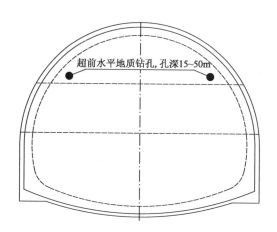

图3-39 超前水平地质钻孔的布置

钻孔出口处的水的流量和压力可借助于流量表和压力计来测定。

同时要求每日进行拍照,每周进行地质总结。这些数据、记录表、分析结果以及结论要定期地上报给支护负责人。

6)锚杆拉拔试验

通常要求做3~5根锚杆拉拔试验。

7)水的侵蚀性测定

水的侵蚀性测定是对水样进行分析,测定项目包括:矿化度、传导性、硬度、pH值以及温度。在具有强侵蚀性水的特殊区域,要系统地记录水的硬度和温度,以便跟踪水的特征。

8）现场试验

现场试验可以确定岩石地段的某些特征,试验内容包括:原始应力、变形特征、岩石强度。

3.4.3 测量数据的获取和应用

测量数据的获取和反馈结果应在可接受的期限完成,以便在最短的时间内作出决定。测量数据的处理要求每日都做,它包括测量值的计算、测量记录的整理、每次测量到期后报告的编写、演变图表的修改、已获得数据的归档等。

测量结果用图表的形式表示,以反映随着时间的推移以及掌子面的推进而出现的变化,也为了直观地看出变化的趋势并确定警戒界限,如图 3-40 所示。一旦测量达到了临界值或警戒值,会进行修改设计或对支护进行更改。测量数据处理文件要定期上报,在每次大的施工阶段结束后也应上报。

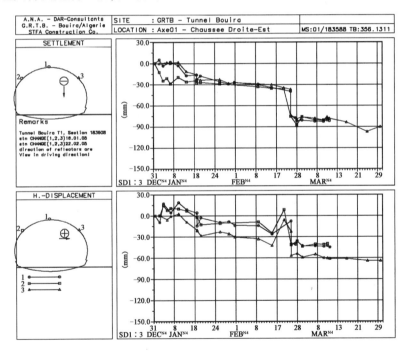

图 3-40　阿尔及利亚已建隧道监控量测数据图

尽管所列项目较多,在施工中主要开展了拱顶下沉、水平收敛、地表下沉以及在 T2 出口左洞进行了一次超前水平地质钻探(深度约 40m)等内容,如图 3-41 所示。

图 3-41　T2 出口左洞地质超前钻探

3.5　隧道施工

3.5.1　隧道施工方法

由于地层软弱,结合现场施工设备,遵循"快挖、快支、早封闭"的原则,采取分部开挖,及时支护,各工序紧跟的施工方法。隧道开挖采用挖掘机配合人工或铣挖机进行,分为上、中、下三个台阶,当变形量大时增加单层或双层临时仰拱,每次循环进尺不超过1.5m,开挖一榀支护一榀;另外,同一端洞口南、北线开挖前后错开,以减小两洞开挖的互相影响;在同一洞内施工时,应避免下一层台阶开挖对上一层台阶或已施工的支护结构产生不利影响,上、中、下三个台阶保持适当的距离,以方便施工。如图3-42、图3-43所示。

图3-42　设置双层临时仰拱的三台阶开挖法　　图3-43　不设临时仰拱的三台阶开挖法

3.5.2 隧道施工中遇到的主要问题

隧道于 2007 年 9 月开始做洞口边仰坡开挖及进洞准备,10 月进入雨季,雨水下渗更加恶化了围岩情况,开挖后除 T2 进口外,T1 进口、T2 出口支护均出现了大变形、边仰出现滑塌等问题,使正常施工受阻,进展缓慢。在进入暗洞施工后因设计理念、施工习惯的差异,洞口段二次衬砌不能及时施工,加之隧道围岩非常差,导致初期支护变形不断加剧,在施工中遇到主要问题如下:

(1)洞口边仰坡出现滑塌(图 3-44),导致开挖隧道出现了侧向和纵向位移,地表沉陷、开裂。

(2)初期支护与围岩变形量极大,最大超过 2.0m,支护混凝土剥落,重者钢拱架扭曲、折断,浅埋段地表出现裂缝与陷坑,如图 3-45 所示。

图 3-44　T1 西口南线边坡失稳　　　　图 3-45　初期支护开裂

(3)初期支护变形时间长,远超出预留变形量限值,造成初期支护大范围侵限,导致大段落换拱,出现了边挖、边换拱的非良性循环。

(4)碳质页岩物理力学性质差,开挖后风化、崩解极快,遇水软化,基本没有自承载能力;扰动后易掉块,形成小的坍塌,不施工时支护变形趋于稳定,已扰动变形就加剧,对施工安全影响大。

(5)出现地下水地段比干燥围岩段变形量大,洞口浅埋段变形量比洞内一般地段大。

(6)在初期支护未稳定前施作的素混凝土二次衬砌(拱部未配钢筋),有的段落出现了纵向裂缝、斜向裂缝与渗水现象。

3.5.3　洞口边仰坡滑塌整治

3.5.3.1　T1 进口

根据现场边仰坡滑塌及地形、地质情况,采取抗滑桩支挡、削坡减载与洞内

加固相结合的处理方式:

(1)洞顶清方减载,重新分台阶刷仰坡,重新施作喷锚防护,并采取 $\phi 50$ 钢管地表预注浆,深度 $6\sim 24m$,用以稳定洞顶的仰坡,如图 3-46 所示。

(2)重新施作地表截排水系统,封闭裂缝。

(3)洞内进行初支背后注浆,隧道拱架间增设纵向连接型钢做临时加固,将整个隧道拱架分段连接成一个整体,共同抵抗纵横向的推力,并打泄水孔引排围岩内积水。

(4)征得业主同意,先施工洞口两模衬砌,稳固洞口及边仰坡(图 3-47)。

图 3-46 滑坡清方减载

图 3-47 施工洞口二次衬砌

(5)对右洞右侧出现的滑坡,首先清方减载,放缓边坡,并打设 $\phi 120cm$ 抗滑桩,完善截排水措施。第一次开挖进洞仰坡如图 3-48 所示,减载后地貌如图 3-49 所示。

图 3-48 第一次开挖进洞仰坡

图 3-49 减载后地貌

(6)对左洞左侧因地形偏压,有向斜前方缓慢滑动位移,也增加了 $\phi 120cm$ 抗滑桩以稳固边坡。

3.5.3.2 T2 出口

T2 隧道出口地形平缓,先期施工按照国内习惯,按洞顶以上 $5\sim 6m$ 刷坡,然后施工套拱。由于该洞口也是在雨季施工,因此在刷坡完成施作大管棚过程中发生了仰坡滑塌。

根据现场边仰坡滑塌及地形情况,采取了以下处理措施:

(1) 洞顶减载,留台阶,放缓仰坡,重新施作喷锚防护。

(2) 在预留台阶上进行地表预注浆加固,采用 $\phi 50$ 钢管注浆加固,深度 $6 \sim 18m$,4 排,纵横间距 $1.5m$,用以稳定洞顶的仰坡。

(3) 洞内进行初支背后注浆,隧道拱架间增设纵向连接型钢做临时加固,将整个隧道拱架分段连接成一个整体,共同抵抗纵横向的推力,并打泄水孔引排围岩内积水。

(4) 征得业主同意,先施工洞口两模衬砌,稳固洞口及边仰坡。

隧道出口地形平缓,浅埋段偏长,围岩条件差,加之是雨季进洞,二次衬砌又不能紧跟施工,导致开挖后初期支护变形不断,时刻处于忙于应付的"抢险"状态,从实际实施效果看,采取深挖方式,尽可能增长明洞,通过洞外边仰坡加固来降低暗洞施工风险,是比较好的办法。如图 3-50、图 3-51 所示分别为仰坡坍塌、减载与防护示意图。

图 3-50 仰坡坍塌

图 3-51 减载与防护

3.5.4 一般段围岩施工

T2 隧道进口围岩条件相对较好,采用铣挖机(图 3-52)施工,施工时铣挖头(图 3-53)向上漂移,施工困难,只得使用液压锤,但开挖过程中液压锤损坏严重,为此经过申请(主要是炸药审批问题)最后采取了爆破开挖,爆破进尺 3m 左右,每月开挖 $70 \sim 110m$。开挖后围岩自稳能力较好,变形较小,采取上、下台阶法施工,初期支护喷混凝土厚度 30cm,仍采用 HEB220 型钢,间距 $1.2 \sim 1.5m$。但随着时间的增长,围岩变形逐步增大,经过 $1 \sim 2$ 个月以后上半断面初期支护开始出现喷层被崩落的现象,有些段落甚至出现了侵限的情况,而且在开挖下半断面过程中发现钢架向内侧挤出变形较大,这表明在以软质岩为主地段,即使围岩中间夹杂硬岩较多,开挖后变形较小,但随着时间的增长与围岩应力的再分布,围岩的蠕变效应,使初期支护承受围岩压力增大,若不及时形成一个闭合结构,上台阶(像悬臂)太长,会出现变形加剧、侵限问题,仍需保证二次衬砌与掌子面一定的距离。根据观察,认为上半断面台阶长度以 40~50m 为宜,这样施工机械及各工序可以展开,相互干扰较小,下台阶开挖后随即施工二次衬砌仰拱,即二次衬砌仰拱距离掌子面距离 50~60m,二次衬砌仰拱距离控制在 80m 左右。

图 3-52 铣挖机

图 3-53 切削鼓

T1 隧道隧道施工采用了铣挖法,这是近年来兴起的一种施工方法,该方法是将铣挖机安装在液压挖掘机上,可用于隧道开挖以及修整轮廓等,特别适用于不宜爆破施工的地段。使用铣挖机取代人工在软岩或破碎岩层中掘进,使施工人员远离掌子面,降低了前方施工人员在开挖时可能遇到的掉块、坍塌等危险,提高了隧道施工的安全性。据现场统计,在强度较低(≤10MPa)的软岩地段,每小时可开挖 30m³,此种工法开挖进尺 0.8~1m,断面受台阶长度限制,面积较小,可在 1~2h 内开挖完成。当遇到异常软弱、富水的围岩时,因围岩自稳能力差需要预留 30cm 左右的岩层由人工用风镐挖除。

3.6 极软岩隧道沉降变形的控制措施

隧道围岩为极软岩和软岩,隧道洞口施工刚好处于连绵的雨季。在施工过程中,T1 隧道的进口和 T2 隧道的出口都发生了严重的沉降变形。围绕隧道的沉降变形,邀请国内外很多隧道专家来现场"会诊",从不同角度提出了控制隧道沉降变形的措施,取得了一定的效果。经设计、施工、业主、监理各方的共同努力,基本解决了隧道大变形的问题。

3.6.1 隧道的变形破坏特点及原因分析

3.6.1.1 隧道变形破坏的特点

从隧道的开挖情况看,隧道变形破坏具有如下特征:

1) 围岩变形量大

在 T1 隧道进口和 T2 隧道出口,都发生了大变形,拱顶沉降量高达 2.0m,远远超过了当初的预留变形量,同时还出现隧道一侧变形大、另一侧变形小的现象(图 3-54、图 3-55),初期支护侵入二次衬砌限界,需要拆除,重新架设拱架并补喷混凝土(简称换拱,下同)。

图 3-54 隧道拱顶沉降变形

图 3-55 隧道侧墙变形

2) 围岩破坏范围大

由于隧道洞内沉降过大,洞内变形迅速延续到地表,并且长距离出现数条宽度 20～30cm 的横向裂缝,有的裂缝甚至超前了开挖掌子面 30m,洞顶边仰坡出现了坍塌,洞顶出现陷坑(图 3-56、图 3-57)。

图 3-56 T1 进口右线边坡失稳

图 3-57 T2 出口边坡失稳

3) 围岩变形持续时间长

由于极软岩具有低强度和强烈的流变性，隧道掘进后，围岩的应力重分布持续时间长，因而隧道变形破坏持续时间很长。图 3-58 为 T2 隧道进口初期支护完成大约 1 个月后初期支护开裂的情况，图 3-59 为 T2 隧道开挖后二衬长期未作初期支护发生变形，为防止变形增大，增加环向拱架。

图 3-58　T2 进口左洞初期支护开裂　　　　图 3-59　T2 隧道衬砌支护变形后背拱

3.6.1.2　隧道沉降变形原因分析

(1)围岩为极软岩，强度低，自稳时间短是隧道沉降变形的主要原因。

根据开挖后的围岩情况看，T1 隧道进口和 T2 隧道出口围岩为风化严重和受构造严重影响的极软岩。受区域构造、背斜及附近断层的影响，岩体节理裂隙发育，局部褶曲揉皱现象发育，岩体破碎。具体表现在围岩刚开挖后，基本自稳 15min～1h，但风化迅速，在空气中暴露大约 2h 后，岩体强度基本完全丧失，轻轻敲击围岩，就碎裂呈小块状。实际开挖过程中，有时甚至来不及防护，围岩就开始变形。尤其在雨季，围岩泥化现象严重，自稳能力极差，岩层的稳定具有明显的时间效应和空间效应。开挖后如不及时采取有效支护措施，围岩变形就会迅速增长，地层会在短时间内由弹性变形发展为塑性变形，直至岩体整体结构破坏。

(2)大量雨水沿地表裂缝下渗，围岩受到长期反复浸泡，加剧了隧道的沉降变形。隧道在雨季进洞，雨水沿着裂缝下渗。围岩结构裂隙非常发育，这些结构裂隙内均有泥质物充填，泥质充填物在地下水作用下，表现为软化、滑腻，使岩块之间黏聚力降低，围岩泥化，因而导致自稳能力极差。虽然施工中采取了多种措施对裂缝进行了封堵处理，但是封堵效果依旧不理想。雨水沿着断层破碎带、裂缝大量下渗。受水的长期浸泡，洞内围岩甚至不如洞口。更糟糕的情况是，洞内围岩经过第二个雨季的浸泡，原来第一个雨季结束后旱季施工的初期支护、仰拱还没有闭合的,在第二个雨季中发生了极其严重的变形,隧道初衬已经闭环的段落也发生了开裂。第一次换拱后施作的初期支护也发生了开裂,局部侵限,需要第二次换拱,隧道正常施工受到严重影响,充分说明了在这种地层条件下,仅靠初期支护而不加紧施工二次衬砌不能保证围岩的长久稳定,二次衬砌需紧跟并尽快封闭成环。如图3-60所示为隧道换拱示意图。

图3-60 隧道换拱

(3)施工机械配置及原材料供应不足制约了支护结构的及时封闭。隧道围岩为极软岩,施工理念强调"短进尺、少扰动、强支护、快封闭、勤监测"的原则,即强调"快、早",要及时快速封闭围岩。本项目设计为HEB220钢拱架,每延米重量71.5kg,由于现场缺少专用架设机械,采用人工架设,人工架设时间长,施工难度大。隧道围岩开挖后自稳时间很短,施工喷锚、架设钢架所需的时间往往早已超过了围岩的自稳时间。另外,受阿国市场的影响,一些原材料比如速凝剂等不能及时供应,使得隧道开挖后不能及时防护,加剧了围岩变形,为后续处理增加了难度。

(4)由于隧道围岩极其软弱,开挖后变形随时间逐步增大,还要受到上、中、下台阶分部开挖的多次扰动影响,最终导致变形量极大。为防止大量的侵限换拱问题,设计加大了"预留变形量",最大预留变形量为1.8m,这使得围岩松弛区更大,导致支护出现开裂等问题持续不断地发生。因此针对此类围岩与变形情况,除采取加强支护、二衬紧跟等措施外,还应采取有利于控制沉降的开挖方式,为此在设计上曾考虑了双侧壁法或CRD法,但由于外部监理反对而未能实施。

(5)隧道两轴线相距相对较近,相互施工有影响。

T2隧道出口出现大变形的段落,隧道间距约20m,两条隧道在施工过程中相互影响,隧道中间的岩柱破坏严重,使初期支护受到了强烈的侧向挤压和多次扰动作用,致使初期支护体系成型后仍变形不止。

3.6.2 隧道变形控制措施

据了解,东标段日本公司施工的隧道也出现近 1.6m 的变形,远远超出了预期;另外,当地也有一座长 1 200m 的隧道,地层与 M3 隧道类似,在施工中也出现了变形不止、塌方等问题,隧道断断续续修了近 10 年才完成,这充分说明了在此类地层修建大断面隧道是非常困难的。针对出现的大变形问题,本项目采取了以下综合整治措施。

3.6.2.1 增加初期支护强度和刚度

围岩受地下水反复浸泡和开挖扰动,强度基本丧失,轻轻敲击,随即碎裂呈小块,这说明加强初期支护的强度是非常必要的。

增加初期支护强度和刚度主要从增加喷射混凝土厚度和钢拱架的刚度两方面考虑。喷射混凝土采用 RN30 混凝土,厚度 30cm,钢拱架采用 HEB220。而我国传统的支护模式为:喷射混凝土强度为 C20 或 C25,厚度相同;钢拱架一般采用工字钢 I22a 或 I25。和国内支护模式相比,初期支护刚度大大增强,改用 HEB220 拱架后,和国内 I22a 相比,拱架截面转动惯量提高了 2.38 倍。如表 3-19 所示。

I22a 和 HEB220 主要参数对照表　　　　　表 3-19

钢架型号	高 (mm)	宽 (mm)	理论质量 (kg·m^{-1})	I_x (cm^4)	W_x (cm^3)
I22a	220	110	33.1	3 400	309
HEB220	220	220	71.5	8 091	735.5

由于设计中加强了初期支护的强度和刚度,虽然初期支护发生了严重变形,但是没有出现坍塌冒顶现象。

3.6.2.2 适当加大开挖预留变形量

预留变形量过大势必造成开挖断面增大,工程数量加大,施工成本增加,会影响工程进度,也会使围岩松弛区加大,使支护承受的围岩压力增大。如果预留变形量太小,必然因初期支护变形过大而造成侵限,带来许多不必要的麻烦。随着初期支护承担的压力增加,围岩应力重新分布,由于断面各部位下沉具有不均匀性,使二次衬砌承受的压力分布也将出现不均匀的情况,造成隧道实际受力同设计差别大,影响二次衬砌结构稳定。

根据对 T1、T2 隧道的初期支护沉降观测资料的统计分析,T1 隧道进口隧道初期支护预留变形量为 55cm,T2 隧道出口隧道初期支护预留变形量为 65cm。

但在实际施工中根据变形发展情况,有的段落又加大了预留变形量,T1 隧道最大达 100cm,T2 最大达 180cm。

3.6.2.3 增加钢拱架托梁和锁脚钢管桩

根据隧道变形沉降观测资料,在中台阶开挖后,拱顶沉降一般都会突然增大。本项目在开挖过程中曾经一次沉降 29cm,这主要是由于中台阶开挖后,中台阶拱架安装前,上台阶拱架会出现临时悬空、扭曲(图 3-61、图 3-62),导致沉降量迅速加大。为此,在上台阶和中台阶的接头部位,每两榀钢拱架之间增加 [30 槽钢,作为纵向托梁(图 3-63),以增加型钢拱架的受力面积,在槽钢的中间增加 2 根 $\phi 73$ 注浆钢管桩,长度 6m,通过锁脚注浆钢管为初期支护提供必要的抗力,并牢固地将型钢拱架和围岩密贴在一起,有效地将拱架连成整体,从而起到减缓初期支护沉降速率的目的。从项目的实施情况看,这种方法是有效的,对沉降控制起到了一定的作用。

图 3-61 拱架接头悬空

图 3-62 拱架接头扭曲

图 3-63 槽钢纵向托梁

3.6.2.4 设置临时仰拱,初期支护尽早闭合

采取设双层临时仰拱与单层临时仰拱开挖方案,利于初期支护尽早闭合,提高其整体承载能力,减缓支护沉降速度。临时仰拱应有一定的纵向长度,以保证结构的稳定性。随着隧道围岩地质条件逐渐变好,将双层临时仰拱转变为单层或不设临时仰拱的三台阶开挖方式(图3-64),以加快施工进度。当掌子面不能自稳、预留核心土有垮塌时,采取喷混凝土封闭掌子面,打设适当的超前锚杆。

图3-64 三台阶施工(仰拱、二衬紧跟)

3.6.2.5 二次衬砌紧跟

国内在极软岩地段一般采取二次衬砌紧跟的施工方式,但是,由于设计理念的差异,法国专家及业主对此均持反对态度,认为二次衬砌应在初期支护趋于稳定、收敛后再施工二次衬砌,这对于硬质岩地段及具有一定的自稳能力的软岩地段是合适的;但对于本项目的隧道,初期支护施作后变形持续发展时间长,不具备收敛条件,表明此类地质条件的大断面隧道开挖仅依靠初期支护是不能维持围岩稳定的。针对出现大面积侵限、变形无法收敛的状况,法国专家及业主逐步认识到等初期支护稳定后再施作二衬是不现实的,随之而来的工程风险也比较大,最终认可二衬紧跟的施工工序,法国专家和业主对仰拱及二次衬砌的施作时机非常关注。

根据对变形数据的分析,确定了二衬砌仰拱紧跟掌子面,间距控制在15m左右,二次衬砌紧随其后,与掌子面距离不超过50m,以期做到挖一米成一米,及早施作二次衬砌仰拱对控制变形是很有效的。由于二次衬砌是在围岩收敛变形没有停止、变形速率仍较大的情况下施作的,因此二次衬砌采用钢筋混凝土结构,提高结构的抗拉能力,防止二衬开裂。本项目二次衬砌采用RN40混凝土,厚度60cm,主钢筋直径25cm,间距20cm。

3.6.2.6 台阶开挖长度设置应合理

短台阶开挖方案在国内比较流行,地质条件越差,越是强调短台阶。缩短台阶长度,目的是尽早封闭围岩,减少对围岩的扰动。一般情况下,台阶长度控制在 3.5~6.0m 的范围,这也正好在挖掘机开挖有效距离之内,有利于快速封闭。但法国专家对短台阶方案非常反对,他们建议采用长台阶方案,台阶长度为50m 左右,这样上下台阶可同时施工,认为可有效控制隧道沉降。

实际上,在隧道掘进过程中,掌子面潜在破裂面(滑动面)是客观存在的(图3-65)。掌子面潜在滑塌区范围可按照公式 $L = H/\tan\theta$ 进行估算。其中,L 为坡顶塌滑区外缘至垂直坡度边缘的水平距离;H 为滑塌区高度;θ 为破裂角,这里取 $\theta = 45° + \varphi/2$。其中,φ 为围岩内摩擦角。φ 越小,则围岩抗剪强度越弱,滑动影响区域越大,为此需要采取预留核心土来稳定掌子面;反之,φ 越大,则围岩力学性质越好,潜在滑动影响的区域越小,可以不需要预留核心土。

长台阶方案在欧洲比较盛行,当掌子面不稳定时采取玻璃纤维锚杆进行正面超前加固,因此长台阶法开挖是一种适用于机械化程度较高的开挖方式。

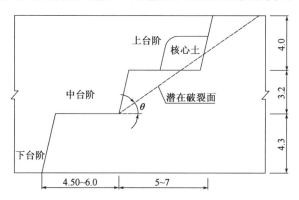

图3-65 短台阶开挖方案(尺寸单位:m)

3.6.2.7 加强防排水

页岩地层对水极为敏感,凡是有水地段,围岩变形量就比邻近较干燥地段大,因此应加强洞内防排水设施,对地下水量大的地段采用超前小导管压注水泥—水玻璃双液浆,封堵岩石裂隙,减少地下水的渗流。出现渗水的地方在初支表面打 3~4m 深的孔眼引水,并加密环向排水管。对开挖暴露岩面及早封闭,尽量隔绝水与基岩的接触。通过综合运用这些措施,对减缓围岩变形起到了积极作用。

3.6.2.8 规范施工,保证施工质量

软岩的应力释放与围岩变形同施工工艺、施工步序息息相关,因此在施工中应加强施工工序控制,稳扎稳打。应尽可能做到避免出现注浆质量差、锚杆不注浆、打设方向随意、钢拱架悬空、连接不牢、钢架与围岩间不密贴、喷混凝土层与围岩间不密实、喷射混凝土强(厚)度不足、仰拱下基础不实等质量通病,注重细节,确保每道工序的施工质量。如初期支护钢拱架在理论上接头是圆顺的(图3-66),但实际围岩的凹凸不平以及施工误差,拱架接头并不圆顺,无法对接头钢板形成全面焊接,使得初期支护的承载效果大打折扣。在施工中曾出现钢拱架接头的 M24 螺栓被剪断的现象,也曾发现初支背后空洞问题(最高达 200cm)。

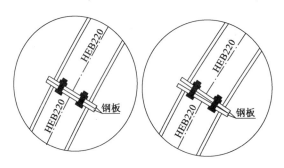

图 3-66 拱架圆顺连接和点连接

3.6.3 有关问题的探讨

3.6.3.1 进洞时机的选择

根据开挖后隧道变形情况,设计人员发现在雨季进行洞口段施工是非常不利的,雨水下渗导致了围岩状况恶化,开挖后支护变形过大,沉降不能有效控制,即使增加了临时仰拱,对沉降起到了较好的控制作用,但还是没有从根本上解决隧道初期支护变形速率过快的问题,形成了"边施工、边抢险"的被动局面。

对于此类地质条件且浅埋地段较长时,如 T2 出口,采取深挖路堑的进洞方式或许更为合理,因边仰坡施工或加固都比隧道超浅埋暗挖方便,易于控制工程风险。

3.6.3.2 支护闭合时间

一般情况下,只要临时仰拱或永久初期支护仰拱封闭成环后,隧道沉降变形就基本稳定,因此初期支护的封闭时间是控制沉降变形的关键,应尽可能在最短的时间形成封闭的支护体系;采用三台阶法开挖,从上台阶开挖到下台阶封闭成

环所需时间较长,期间累计变形比较大,尤其在进行中台阶开挖与下台阶开挖的时候,因此针对此类围岩应采用 CRD 法或双侧壁法,这样开挖断面小,容易形成闭合的支护环。

3.6.3.3 支护方式

考虑到页岩属于软质岩,受地下水的影响自承能力基本丧失,且注浆效果极差,为此在设计中采用 HEB220 重型拱架的强支护方案,除加强锁脚锚杆外,取消了径向锚杆,从现场实施看,尽管最大发生了近 200cm 的变形,初期支护仍具有较好的承载能力,没有出现塌方等安全事故。

3.6.3.4 开挖预留变形量的选择

从开挖到支护完成需要一定的时间,针对此地质条件只能采用抗放结合的支护措施,既要保证支护的强度,还要允许围岩有一定的变形。在开挖过程中(从上台阶开挖到仰拱封闭需要一定时间,一般要 1 个月),围岩必然要发生变形,此阶段应预留一定的变形量,设计预留变形量加大至 50~80cm,此方法可视为"放",但不是有意地"放",因不让其变形是不可能的,即使采取了强大的预加固及支护措施也不一定奏效,因此只能采取以"抗"为主、有限度地"放"来控制变形。

3.6.3.5 隧道开挖方案及长短台阶之争

受到施工设备的制约,采取了双层临时仰拱留核心土的短台阶开挖方案,其目的是化大为小,小断面分部开挖、尽快封闭成环,通过现场实践,证明该方案是可行的。

东标段日本公司针对大变形问题采用 20m 长的玻璃纤维锚杆加固掌子面(图 3-67),每一循环搭接长度不小于 5m,这样可充分利用大型机具施工,实现大断面开挖,同样可做到"快挖、快支",其效果也是非常好的,关键是要有安装超长锚杆的专用设备、喷射手等大型机具设备,通过提高机械化施工程度来减少现场施工人员的数量,并加快施工进度。当然,对于地质条件非常差、富水地层的大断面隧道,有必要时应采取双侧壁法开挖或 CRD 法开挖。

对于开挖台阶长度,由于施工习惯的不同有着不同的长度,我国技术人员希望采用短台阶法,而法国专家认为应尽可能长,这与施工机械化程度以及对地层与掌子面加固方式息息相关的。根据本隧道的实践,在机械化程度不是很高的前提下,应尽可能减短台阶长度,前提是预留台阶能够自稳,尽早实现初期支护的封闭成环、二次衬砌仰拱、二次衬砌紧跟掌子面是合适的;但在机械化程度高的前提下,适当增长台阶长度也是可行的,这可从东标段类似地层施工中得到验证。因此,施工方案的选择与施工工序的控制应根据采取施工设备、机械化施工程度以及对地层的加固效果来确定。

图 3-67　掌子面玻璃纤维锚杆超前加固

4 隧道防排水、预留洞室及防火设计

4.1 隧道防排水设计

隧道修建于地下围岩中,受地下水影响非常大,容易产生渗漏水现象,因此各国对此都非常重视,采取了完善的防排水措施,注重对水资源的保护以及施工过程中的严格控制,使隧道渗漏水现象得到明显遏制。

4.1.1 隧道防排水设计原则

在欧洲,隧道防排水设计既有以排为主,也有全防型。比如德国新建高速铁路隧道全部按"全封闭、不排水"进行设计,不允许地下水流入隧道;在法国则多以排为主,且要求污染水与围岩水分开排放。不同防排水类型隧道的特点,如表4-1所示。阿尔及利亚东西高速公路隧道排水设计中遵循了以排为主的防排水形式。

不同防排水类型隧道特点   表4-1

项 目	排水型隧道	防水型隧道
对水环境影响	有影响,地下水会有流失	影响小,地下水基本无流失
衬砌压力	无水压	全水压
防水层范围	拱、墙	全断面铺设
抗侵蚀性	对二衬混凝土有影响	对二衬混凝土基本无影响
工程投资	低	高
维护费用	随时间增长而增加	少

4.1.2 防水设计

欧洲隧道防水设计基本与我国一致,采取铺挂防水板防水,有集中出水段也建议采用注浆堵水。

1)土工布

土工布是一种非编织的(连续的聚丙烯纤维)厚度均匀的聚丙烯材料纺织

品。本次设计采用500g/m²的土工布,其技术指标应满足表4-2要求(本项目招标文件指标)。

土工布主要技术指标　　　　　　　　　　　　　　表4-2

特　　性	技术要求值	标　　准
单位重量	最小500g/m²	DIN 53854
在2kPa(0.02bar)时的厚度	最小3.9mm	DIN 53855/3
在2bar时的厚度	最小1.9mm	DIN 53855/3
耐拉强度	最小1000N/5cm	DIN 53857/2
破裂时的延伸度	最小40%	DIN 53857/2
30%强度时的延伸度	最小20%	DIN 53857/2
0.02bar时的渗透性	最小5×10^{-1}cm/s	—
2.00bar时的渗透性	最小5×10^{-2}cm/s	—
相对于pH=2~13酸碱溶液的强度	最大失去10%的强度	SN 640 550,DIN 53857/2

注:1bar=0.1MPa,下同。

为了防止破坏防水板,通常要求对初期支护表面外露的钢筋等突起进行处理,并在初期支护表面铺挂土工布。本项目的这些做法和我国的处理方式基本相同。土工布采用专用垫片固定到初支内表面上,防水板通过土工布的垫圈连接;当二次衬砌为全断面配筋时,要求在防水板与钢筋之间增加一层塑料保护层(图4-1),以防在钢筋绑扎过程中损伤防水板;钢筋采用绑扎方式也有利于施工安全,在我国的地铁与公路隧道施工中均出现过因电焊导致防水板引燃的安全事故。防水板检验标准是在2bar的压力下持续5min或在1.5bar的压力下持续10min,压力降低不超过20%,认为接缝是密封的。

图4-1　有钢筋地段增加的防水板保护层与墙部排水板

2)防水板

防水板一般采用PVC或ECB,但其厚度比我国厚(我国一般不超过1.5mm)。本次招标文件规定其厚度不小于2mm,破坏荷载不小于20N/mm²,且均应耐化学腐蚀。铺设方式为防水层与土工布分开铺设,技术指标应满足表4-3的要求(本项目招标文件指标)。

防水板主要技术指标 表4-3

特 性	技术要求值	标 准
厚度	最小2mm	DIN53370
弹性强度	最小8 N/mm²	DIN53455
断裂延伸率	最小250%	DIN53455
20%时的受压强度	最小2.5N/mm²	DIN53454
断裂强度	最小100N/m	DIN53363
在水压下的强度	在10bar下密封,持续10h	DIN16726
焊接强度	最小7.2 N/mm²	DIN16726
加速后量纲稳定性	最大2%	DIN16726
对酸碱溶液的稳定性	扩展<20%,不带皱褶也不带裂缝	DIN16726

3)止水条

衬砌施工缝采用止水条。止水条的宽度最小为20mm、厚度10mm。该止水带将在28d之后开始进行自由体积膨胀,此膨胀最小为170%,且具备5bar静水压力差的耐压性以及最小拉力为0.7MPa的抗拉性(本次招标文件指标)。

4)止水带

在明暗交接处采用橡胶止水带。止水带的宽度最小为250mm,且具有厂家商标,安装方法将遵循生产厂家的建议来进行具体实施。安装好的止水带将具备5bar静水压力差的耐压性,最小拉力为15MPa的抗拉性,以及200%最小断裂延伸率(本次招标文件指标)。

欧洲对于喷混凝土的防水作用也比较重视,喷混凝土强度比我国高,一般不低于30MPa(圆柱体标准抗压强度)。在隧道开挖后出现涌水或可能出现涌突水的地段,一般也是采取注浆堵水,堵排结合。

4.1.3 排水设计

4.1.3.1 排水设计差异分析

1)关于清浊分离

我国《公路隧道设计规范》(JTG D70—2004)第10.3.1条规定:"隧道内宜按地下水和营运清洗污水、消防污水分离排放的原则设置纵向排水系统。"基本做法是中心排水沟排泄地下水,隧道内路基边沟排泄清洗污水;在地质条件较好、不设仰拱的段落,中心排水沟施工困难,且运营期间检修对行车干扰较大,部分地区不主张设置中心排水沟,而是采用双层路基边沟的方式(上层水沟排泄污水,下层水沟排泄清水)实现清浊分离排放,效果也比较好。

法国公路隧道排水也遵循"清浊分离"的原则,洞内排水措施与我国设计相比大同小异,都是将清水和污水分别排入不同的排水管引至洞外。但我国设计一般是将隧道内边沟污水直接引至洞外路基边沟,很少对隧道内排出的污水作专门的处理。事实上,隧道内污水排放往往发生在定期清洗(尤其是水清洗时)、液态污染物泄漏或火灾救助时,因此隧道内污水排放也就具有集中、量大的特点,直接引至洞外路基边沟而不作专门的处理,容易造成环境污染甚至生态灾难。

考虑到隧道内污染物排放的自身特点,阿尔及利亚东西高速公路隧道排水设计中,按照法国规范,在隧道洞口设置专门的油水分离池,对隧道内排出的污水进行处理后再进行排放,可减轻环境污染。

2)关于排水与防灾减灾

我国隧道内路基边沟设计多采用明沟(楔缝式边沟等)或加盖板的暗沟,这两种边沟形式都可以满足排水要求。但如果隧道内发生由大量液态可燃物引起的火灾时,明沟会加速液态可燃物的纵向流动,从而增加火灾蔓延的可能;暗沟则因排泄不畅导致液态可燃物在路面的散流,进而加重局部灾情,尤其路面结构采用沥青混凝土面层时,灾情可能更为严重。

隧道排水设计与防灾减灾的结合是本项目排水设计的一个特点。阿尔及利亚东西高速公路隧道路面水采取双水沟排水(楔缝式边沟与$\phi 400\mathrm{mm}$排水暗沟),路面水先汇集到楔缝式边沟,通过设置间距为50m左右的倒虹吸井,再将水引入$\phi 400\mathrm{mm}$排水暗沟排泄到洞外油水分离池内。

3)关于路面基层排水

隧道路面基层渗水或毛细水上升不仅影响到路面寿命,更危及运营期间的行车安全。近些年来,人们更多地关注行车的舒适性,隧道内沥青面层得以迅速的推广和普及,中短隧道和长、特长隧道进出口基本都采用了复合式路面,部分地区甚至不分隧道长短,隧道内路面均采用沥青混凝土面层。为解决路面基层渗水影响路面使用问题,部分项目隧道内路面基层按水泥处治碎石或无砂混凝土进行设计,这种路面基层具有透水性,可有效阻止地下水上升,加上及时有效的引排,可使路面结构层长期处于干燥或基本干燥状态,使用效果良好。但《公路隧道设计规范》(JTG D70—2004)更重视路面基层的强度,要求"基层抗压强度不低于C20或弯拉强度不低于1.8MPa",这在很大程度上限制了水泥处治碎石或无砂混凝土作为隧道内路面基层的使用。虽然部分项目中,隧道内路基排水得到了一定程度的重视,增加了路面基层排水辅助措施,如增加横向盲沟等,但总体上说,我国对路面基层排水的重视程度略显不足,随着洞室开挖对地下水环境的改变,在地下水排泄不畅的情况下,路面基层渗水必然是一个影响路面耐久性和运营安全的长期潜在危害。

按法国规范进行设计的阿尔及利亚东西高速公路隧道更重视路面基层排水,其路面结构为沥青混凝土,基层为完全透水的级配碎石(GNT),在路面横向较低的一侧设置 $\phi100mm$ 排水管,纵向管每间隔 50m 左右在倒虹吸井处断开,将路面基层渗水引至虹吸井。

4.1.3.2 隧道排水设计

1)衬砌背后排水

隧道衬砌背后排水设计同我国类似,也是由纵向、横向、环向排水管组成,纵向排水管采用钻孔或开槽 PVC 管。本次招标文件规定每米管道上进水孔(槽)面积不小于 $30mm^2$,土工布透水性不小于 $10^{-2}cm/s$,环向排水管可采用 $\phi50mm$ 柔性带孔或半圆形 PVC 管排水。对于集中渗水的地段,先设置集水孔,安装 PVC 花管;对于岩石表面潮湿的区域采用半圆或圆形导管或排水板固定在岩石表面上,将水引至纵向排水管。对于可能的富水地段一般是结合地质超前钻孔打设超前排水管,超前排水管长 30~40m。

对于一些细节问题,我国习惯上更愿意在图纸上多提几条要求,而不是多画几张图纸。施工时任由施工单位自由发挥,最终实施的结果往往不可避免地造成一些遗憾工程。这虽然与我国设计周期短有关,却也不能不说与我们潜意识的粗放型设计不无关系。如以下细节:排围岩水的排水沟(管)应置于施工缝以下,且施工缝应有一个向围岩方向的倒坡;还有对排水管的包裹、排水管的连接等,为避免对纵向排水管的损坏与堵塞,先施工多孔混凝土对排水管加以保护,然后再包裹防水板、土工布等;在配置钢筋地段的防水板与钢筋之间加铺一层塑料板,以保护防水板(本次施工中最后采取了再加铺一层土工布的方式)等。

2)行车道路面与检修道横坡要求

考虑到发生火灾时消防水的汇集以及对有害液体泄漏时有一个很好的汇集作用,行车道横坡不小于2%,当隧道内路面水很大时,一般不小于3%,本项目路面横坡取2.5%;对于检修(人行)道顶面也应做成向隧道内的倾斜坡度,一般取2%左右。隧道排水横坡如图4-2所示。

3)排水边沟(污水)设计

为了使运输车辆上溢出的易燃、有毒液体尽快流入排水边沟或使消防水尽快流入排水边沟中,减少溢出液体或消防水在路面上的流动时间与扩散面积,在行车道右侧(低侧)设置一连续开缝的 $\phi 250 \sim 300$ mm(根据隧道坡度与流量确定)混凝土排水边沟以及与之配套的混凝土排水管,使其不仅具有排水功能,还具有防火、隔火功能。开缝流水边沟看似为连续性的,其实每隔 50m 是断开的,每隔 50m 设一倒虹吸装置,该装置的另一端又是新的一段开缝流水槽。倒虹吸装置可以阻止火焰,避免隧道内火灾通过排水边沟蔓延。流入的液体通过虹吸管汇入排水边沟下的主排水管,流到洞外的油水分离池内,经过处理后排放。排水边沟及虹吸井示意图如图 4-3 所示。

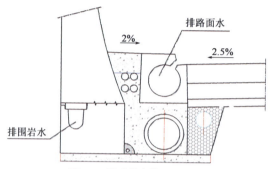

图 4-2　隧道排水横坡示意图

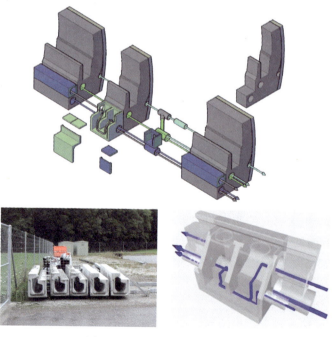

图 4-3　排水边沟及虹吸井示意图

4 隧道防排水、预留洞室及防火设计

开缝排水边沟应能够在1min内吸收5m³的液体,虹吸设备和与之匹配的主排水管应能具备排放100L/s的流量。在进行流量计算时,还应考虑竖曲线设置对纵坡的影响,当竖曲线修正后使路面纵坡很小甚至为零坡时,应适当调整水沟埋置深度,一般应保证该段水沟纵坡不小于0.3%。这就要求在纵向排水管(沟)设计中应考虑一定的空间,满足最小排水纵坡调整的需要。

排水沟流量可按下列公式计算:

$$Q_c = vA \tag{4-1}$$

$$v = \frac{1}{n}R^{\frac{2}{3}}I^{\frac{1}{2}} \tag{4-2}$$

式中:Q_c——流量(m³/s);

v——平均流速(m/s);

A——过水断面面积(m²);

n——管壁的粗糙系数,混凝土管可取0.015;

R——水力半径[$R = A/\rho$,ρ 为过水断面湿周(m)];

I——水力坡度。

4)洞口设油水分离池

在隧道的进出口(低端)外设置油水分离池,将由洞内流出的污染液体传送到密封的回收槽中进行处理,避免对环境造成污染。分离池应至少可以收集200m³液体的总容量(这是与车辆中所运输的最多40m³危险液体和处理事故所使用的160m³水总容量是相符的)。洞口油水分离池如图4-4所示。

图4-4 洞口油水分离池

5)注重排水系统的可维护性

排水系统设计一般应考虑对排水管路的维修,这在欧洲非常普遍,我国陕西应用也比较多。在法国,设计多是将排围岩水的水沟设置于衬砌边墙脚或检修道下,尽可能不放在中间,这样避免了设置过长的横向排水管且难以清理的问题。衬砌背后设置纵向排水管检查井,也可设置成检查孔的形式,间距一般为

50m 左右,这样可采用高压水冲洗排水管网,当然在寒冷地区还应考虑检查口的保温问题。衬砌背后纵向排水管的设置不应削弱衬砌结构强度,影响衬砌结构稳定,可局部将边墙脚加厚,或保证一定的最小结构厚度(但需通过钢筋补强)。如图4-5所示为法国检修井设计图,如图4-6所示为阿尔及利亚东西高速公路日本承包标段隧道的检查孔的设计图。

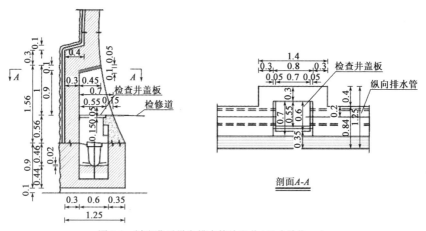

图4-5 衬砌背后纵向排水管检查井(尺寸单位:m)

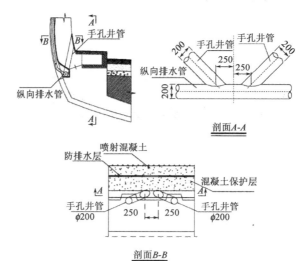

图4-6 衬砌背后纵向排水管检查孔(尺寸单位:mm)

6)设置排水基层

隧道路面下多设置15~20cm厚排水基层,并在排水基层低点设 $\phi100$ ~150mm 纵向排水管,将水引到排污水的主干管中。仰拱回填一般不用混凝土回填,多采用未经处理的砂砾石回填。对于设置仰拱的地段,一般还在仰拱内、外最低点设置排水管,仰拱外最低点为施工期间临时排水管,当施工完成后则不再使用。

法国公路隧道排水措施与我国设计大同小异,都是将清水和污水分别排入不同的排水管引至洞外。但是,法国隧道排水更完善,设计中考虑了很多细节,包括考虑隧道路面破坏后沿裂缝上升的空隙毛细水,同时考虑了运输车辆上溢出的易燃、有毒液体的收集和灭火功能。我国目前在此领域已积累了丰富的经验,并取得了很好的运营效果,但设置带倒虹吸具有隔火功能的排水边沟、设置纵向排水管检查井以及一些细节处理还是值得我们参考的。如图4-7、图4-8所示。

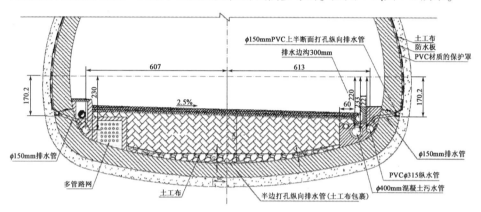

图4-7 隧道典型标准断面排水设计图(尺寸单位:mm)

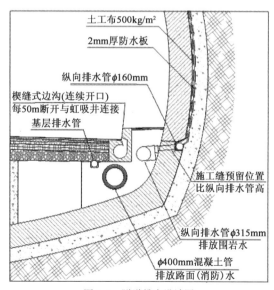

图4-8 隧道排水设计图

4.2 预留洞室及电缆沟槽设计

4.2.1 预留洞室设计

隧道内行车环境有别于洞外,为保证行车安全,隧道内需安装与隧道交通量、长度等规模相匹配的机电运营设施,如通风、照明、消防、监视、检测、紧急电话等设备。这些设备的控制、传输元件或救援设备需要安装在隧道内的预留洞室内,因此隧道内预留洞室比较多,且大小不一。

4.2.1.1 洞室总体布置原则

在欧洲,隧道洞室内仅安放那些必须安装的控制、传输或救援设备,且尽可能把控制、监测、连接和交换设备都集中在这些地方,通过电缆与隧道内设备相接。洞室内设备在长期运营过程中会产生以下问题:

(1)设备长期置于隧道内相对潮湿的环境中,即使设备是装在密封的盒子里的,随着时间的推移,其密封性会降低,使用效果会变差。

(2)隧道内一处处的设备洞室会使驾驶员在开车时分神(这可能会导致事故发生),而且在遇紧急情况时,使他们感到迷茫。

(3)如果在设备洞室附近发生火灾,洞室内设备损坏,将会使连接到该控制箱的设备停止工作,需要重新更换。

(4)隧道内的设备、接头等需要维护,修理人员必须到达那里去工作,对交通管制提出了较高的要求,否则会给维护人员带来一定的危险。

为此,建议在预留洞室设计中应遵循以下原则:

(1)在满足使用功能前提下,尽可能合并集中设置,做到功能集中化、尺寸简单化。

(2)当临近车行、人行横通道时,可将相关的设备布置在车行、人行横通道内。

(3)结合洞室大小及地质条件采取相应的补强、加固措施。

(4)对于大断面软岩隧道应采取合理的施工顺序与洞室断面形式,保证施工安全。

4.2.1.2 预留洞室结构设计

1)预留洞室结构设计原则

预留洞室设计多以工程类比为主,洞室顶部形状有水平状,也有拱形。当隧道地质条件较好时采用水平状顶板,对于大断面软岩隧道可采用水平状顶板,也可采用拱墙式,一般可设计为拱墙式(图4-9)。对于洞室支护,当地质条件差、洞室断面较大时,除采用超前锚杆(管)、径向锚杆外,还根据需要增加钢架支护,避免出现安全事故。主洞二次衬砌需在洞室顶部模筑混凝土内设置加强钢筋,形成钢筋混凝土过梁。如图4-10所示为M3隧道安全洞室配筋实例。主洞二次衬砌施工完毕后施工安全洞室。由于地质条件很差,在初期支护中增加了HEB180拱架过梁,二衬也配置了钢筋。

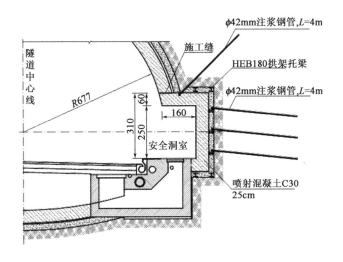

图4-9 安全洞室初期支护设计图(尺寸单位:mm)

东西高速公路软岩大断面隧道地层软弱,开挖后出现了大变形,最大沉降达1.8m,且在落下导坑时还出现了内挤一天达30cm的情况,在隧道初期支护封闭成环后,随着时间的推移,有些地段钢拱架在接头处发生内挤现象。因此在此地质条件下,只能采取开挖一榀支护一榀的开挖方式,若考虑提前预留出洞室空间范围,会使该范围内支护强度偏弱,会发生围岩内挤现象,不安全;若先按标准断面做完主洞初期支护,待主洞超前一定距离后,再切割洞室范围内的钢拱架施作横梁与竖撑,因其围岩压力较大、洞室较宽,再次扰动围岩,容易加剧该范围内的围岩变形,有一定的安全隐患。针对此类地质条件采取了先施工二次衬砌再开挖洞室的施工方式,见图4-11。这样在开挖洞室时大部分围岩压力由二次衬砌与初期支护共同承担,洞室开挖时围岩压力较小,有利于保证施工安全。

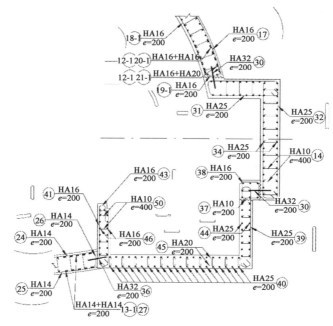

图 4-10 安全洞室配筋图(尺寸单位:mm)

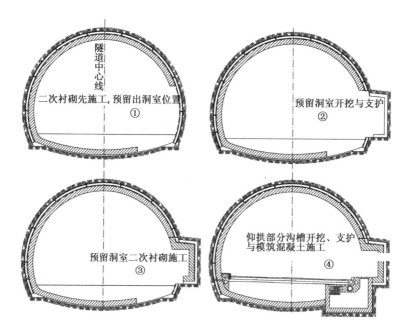

图 4-11 隧道安全洞室布置及施工示意图

2）预留洞室结构计算

（1）计算模型

为了较准确地计算预留洞室受力状况,需建立三维模型(图4-12)。计算采用国际通用工程计算软件 MIDAS/GTS。在计算模型中,真实模拟了原始地层地质情况,地层从上往下依次是松散土、全风化页岩、强风化页岩。地层采用 MIDAS/GTS 提供的实体模型,锚杆采用结构单元中的植入式框架单元,喷射混凝土和二次衬砌采用板单元模拟。岩土体用 Drucker-Prager 模型。计算分为先施工主洞二衬后开挖洞室和先开挖完洞室并完成其支护后一并浇筑主洞和洞室二衬两种工况。

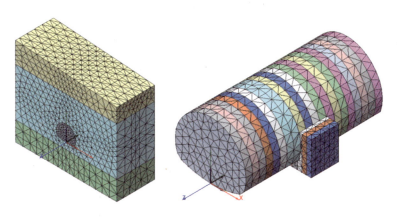

图4-12 洞室计算模型

（2）计算结果

初期支护剪力计算按照两种施工方案进行模拟计算。方案1:先施工主洞初期支护,再开挖洞室,最后主洞和洞室二次衬砌同步施工;方案2:先施工主洞初期支护,然后施工主洞二次衬砌(预留洞室位置),最后开挖洞室,完成洞室初期支护和二次衬砌。为此,计算中分别按照以上两种方案进行了计算分析。通过计算看出,无论采用哪种施工方案,在洞室与主洞交叉口边缘上部3~4m区域内,是高应力聚集区,是结构设计中需要重点加强的薄弱环节,需要在设计上予以加强。但是不同的施工方案,应力聚集区的大小及范围是不相同的,方案1洞室上方4m的区域内,方案2大约2.5m的区域内出现高应力聚集现象,需要设计予以加强。

为了能准确分析衬砌中各截面不同位置的应力变化情况,下面选择了具有代表性的4个计算点,如图4-13所示。

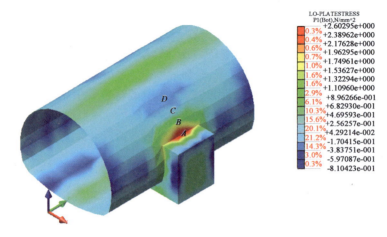

图 4-13 计算中选取的代表性计算点

表 4-4 给出了洞室开挖后,主洞初期支护中的应力及变形沉降量。

两种不同方案计算结果对照表 表 4-4

方案	位 置	变形沉降(mm)	应力(MPa)		
			σ_1	σ_2	σ_{von}
方案1	A	12.12	-6.412	-1.954	4.03
	B	12.73	-4.644	-0.832	3.03
	C	16.28	-1.85	2.724	2.82
	D	17.36	-0.836	0.178	0.66
方案2	A	9.86	-4.878	-0.928	3.17
	B	10.14	-4.233	-0.758	2.76
	C	14.27	-1.763	2.428	2.58
	D	14.16	-0.754	0.162	0.60

可以看出,两种不同的施工方案,初期支护中的应力及衬砌变形是完全不同的。方案 2 由于及时施作了二次衬砌,限制了围岩变形的进一步发展,洞室开挖后,无论是衬砌的变形量还是衬砌中的应力都较方案 1 小。

4.2.1.3 预留洞室施工

隧道断面、预留洞室大小以及地质条件的好坏决定了洞室的施工方式。隧道洞室一般有两种施工方式:

第一种施工方式是在开挖到洞室时,通过设置横梁、竖撑先把洞室空间预留出来,在不影响前方掌子面施工的前提下,进行洞室开挖并完成初期支护,在主洞二次衬砌混凝土施工前铺设好防水层,绑扎好钢筋,同主洞二次衬砌一并浇筑,二次衬砌结构缺陷大大减少,防水效果良好,在开挖洞室时不会损坏防水板与二次衬砌混凝土。我国基本是采用此方式。但在地质条件差的大断面隧道采用此种方式时,受开挖进尺影响不能形成有效支撑,或二次衬砌滞后时间过长,洞室支护容易发生大的变形。

第二种方式是主洞在开挖过程中均按正常断面施工,先施工主洞二次衬砌,在施工二次衬砌前先把预留洞室位置留出来,并对洞室顶部进行二次衬砌加强,设置钢筋混凝土过梁,衬砌内钢筋及防水层也作相应预留,再采用专用设备或人工将已作洞室范围内初期支护拆除,进行洞室开挖与初期支护,最后铺设洞室防水板,绑扎钢筋,施作二次衬砌防水板与钢筋应同主洞预留出来的防水板、钢筋连接。采用此方式施工安全度要高,省去了先挖洞室所需要的横梁与竖撑,但需拆除已做主洞的初期支护,在进行拆除洞室处支护及开挖过程中应尽可能减小振动对已施作支护结构的影响,尤其是采用爆破时更应注意对预留防水板、衬砌混凝土的保护,若施工缝处理不当或防水板连接不好,容易发生渗漏水现象。法国应用此方式居多,且一般要求把洞室布置在一板二次衬砌的中间,当隧道左右两侧洞室位置接近时,最好对称布置。

对于大断面软岩隧道或地质条件差的隧道,当洞室尺寸较大时建议采用第二种方式,同样对于车行、人行横通道也可采用将横通道布置在一板二次衬砌浇筑段中间,先做二次衬砌后开挖横通道的施工方式。这样简化了先期施工洞室的工序,降低了施工风险,安全度高。当隧道地质条件较好时,考虑到爆破对已做二次衬砌的影响,一般还是优先采用第一种施工方式。如图4-14所示为东西高速公路隧道人行横通道施工方案图,采取先做二次衬砌、后开挖人行横通道的方式。因两座隧道地质条件较差,岩石抗压强度很低,若先开挖人行横通道,初支变形量会很大,从有利于保证施工安全与工程质量考虑,采取了第二种施工方式。

隧道洞室设计虽说是衬砌结构的一小部分,但在复杂地质条件下的大断面隧道中,如果处理不当,也容易导致已作支护出现开裂、大变形、渗漏水等问题,因此也应引起重视,需因地制宜选择合理的断面、结构形式与施工顺序,以保证洞室处结构稳定、不漏水,且施工安全、无隐患。这种施工方法在东西高速公路隧道的成功应用,表明在软岩大断面隧道施工时,采用先施工二次衬砌再开挖洞室是安全可行的。

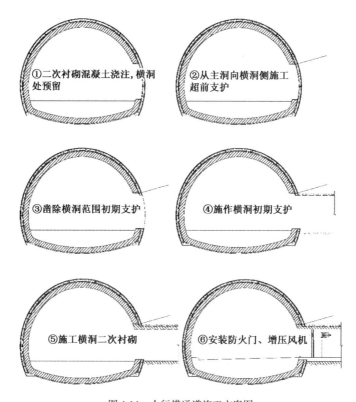

图 4-14　人行横通道施工方案图

4.2.2　洞内电缆布置

在欧洲,一般是将电缆放置在检修道下或行车道下的塑料管子内,管子外层用混凝土浇筑(多管道组),每隔一定距离预留一处维修井,基本不采用电缆桥架安装(除洞内明装电缆外)。在此种布置方式下,燃烧的火焰或流动的危险液体唯一能接触到电缆的地方就是维修井,因此,维修井的盖子要特别设计为防水型。对于检修(人行)道,因其下多设置电缆等,故其顶面要采取封闭处理,可采用混凝土或沥青混凝土铺装。目前我国检修道多采用盖板直接封闭,且电缆多是放在电缆槽内的桥架上。在抗火灾影响方面,欧洲考虑得比较周全。如图 4-15 所示为 M3 标段 T1 隧道电缆多管道组布置示意图。

多管道组管道布置的一般原则:
(1)在穿管敷设的单根电缆截面不应大于管道截面的 1/3。
(2)在同一根管内敷设的多根电缆总截面不应大于管道截面的 1/3。

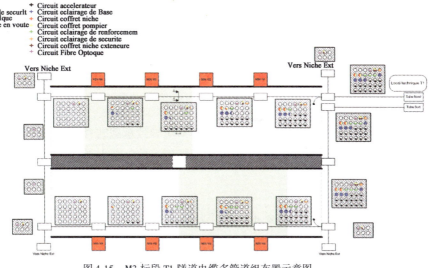

图 4-15　M3 标段 T1 隧道电缆多管道组布置示意图

(3) 高、低压电缆的管道间距保证 0.20m。

(4) 在其他情况下，两根保护管的间距取保护管直径的 1/2（如果相邻的两个保护管直径不同，按最重要的那个保护管直径考虑）。

多管道组采用的套管主要为塑料管，不主张使用金属套筒，因为多管道管要被混凝土覆盖；根据电缆特性选择 PVC、TPC 及 PEHD 等类型，一般高压电缆放置在 PEHD 套管中，长距离光纤电缆放置在 PEHD 套管中，外部设备的连接电缆放置在 TPC 套管中，所有其他电缆放在 PVC 套管中。

4.3　隧道防火要求

下面介绍法国第 2000-63 号通报中有关隧道耐火的要求，我国目前对于隧道防火还没有明确的要求。

4.3.1　耐火目标

结构和设备所要求的耐火强度有以下目标：

(1) 保护隧道内（掩蔽室例外）人员在必要的时间内到达出口，这一时间为 60min，因为这个时间足以让残疾人员在被帮助的情况下到达出口。

(2) 保证已经撤离到掩蔽室（如果存在的话）的人员得到安全保护，并能够在救援部门的协助下撤离，从掩蔽室撤离的时间定为 120min。

(3) 不能给救护人员，尤其消防队员带来危险，救护时间定为 120min。

(4）在火灾最大的期限内,要保证电力供应和火源点之间的通信联系。

(5）在火灾最大的期限内,避免隧道内各种灾难性的水灾或者隧道塌陷。

(6）在火灾最大的期限内,保护临近的建筑物。

4.3.2 防火等级

1）等级 N0

该等级要求无连续崩塌,构件的损失不应导致承载转移到结构的其他部分,并造成其断裂。当在火灾点出现局部损毁时,不会对人员的安全造成损伤的后果。

2）等级 N1

该水准符合 CN120 的要求。对于较严重,但不是很猛烈的火灾,在救援过程中应保证结构的强度。

3）等级 N2

该水准符合 HCM120 的要求。它适合于那些应该被保护的设施,尽管在一定的时间内火势凶猛,还要使人员从掩蔽室撤离和实施救援。

4）等级 N3

该水准符合 CN240 HCM120 的要求。它适合于那些应该在火灾最大期间内阻碍凶猛火灾的设施。对于水下以及含水层以下的隧道是很重要的,因为这样的隧道在局部裂缝的情况下会出现被水淹没的危险。它同样适用于结构的局部断裂,这种断裂会导致隧道灾难性的塌陷,造成重大伤害或者危害到其他建筑物。

防火等级表如表 4-5 所示。

防 火 等 级 表　　　　　　　　　表 4-5

防 火 等 级	行车道宽度大于 3.5m	行车道宽度小于 3.5m
N0	无连续坍塌的可能	
N1	CN120	CN60
N2	HCM120	CN60
N3	HCM120 或 CN240	CN60

4.3.3 温度—温度时间曲线

隧道防火成本与采用的温度—时间曲线、火灾持续时间以及结构材料相关。采用 CN 曲线,防火成本不是很昂贵,该曲线导致的热作用通常不能引起剥落,主要措施为设置足够厚的混凝土保护层和在某些区域增加钢筋；如果采用 HCM 曲线，则防火成本将非常昂贵，为了避免剥落和限制钢筋处温度，基本上需设置保护材料（如防火涂料）。隧道各部位防火等级，如图 4-16 所示。

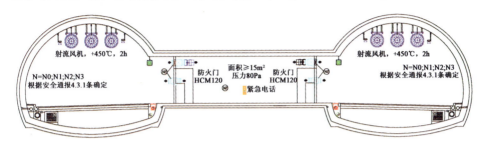

图 4-16　隧道各部位防火等级

5 隧道机电工程设计

5.1 机电工程安全标准

公路隧道只有两个洞口与洞外相连,同一般构造物有明显不同,在运营中会存在诸多安全隐患与风险。为此,欧洲议会和欧盟委员会于2004年4月29日发布了《有关横贯欧洲公路隧道最低安全要求》,欧洲各国(如法国、意大利等)都结合本国情况发布了与隧道相关的安全通报,对隧道设计、机电设施规模、运营等提出了相应要求。欧洲的设计理念尤其重视隧道的安全,将"安全"这一思想渗透到每个系统中,要求隧道内的机电设施应提供尽可能高的安全级别,机电设施的设置除了保证隧道安全正常运营外,还必须保证在事故发生时能够及时疏导人员撤离,有利于救援工作的开展,即通过这些设备提供一个主动安全功能,比如在火灾中充分发挥消防设备的作用,风机能长时间、不间断地排除烟雾等。

本次设计依据欧盟2004/54/CE欧洲指令、法国2000-63号法国通报等相关标准、规范,欧盟第2004/54/CE号指令中按交通量大于、小于或等于2 000辆/道,长度500~1 000m、1 000~3 000m、大于3 000m等几种情况分类。法国2000-63隧道安全通报根据行车道宽度以及单向或双向隧道、位于城市还是非城市等分为5种情况。表5-1为2000-63安全通报的规定,表5-2为欧盟最低安全标准。

M3标段隧道机电系统包括以下几个方面:

(1)通风系统。

(2)照明系统。

(3)消防系统。

(4)火灾检测系统。

(5)闭路电视监视(CCTV)系统。

(6)视频事故检测系统。

(7)紧急呼叫网络系统(无线广播系统由另外的公司设计)。

(8)动态信号与封闭设备系统。

(9)供配电系统。

(10)中央控制系统。

表 5-1 法国 2000-63 号通报—机电设施设置标准（单位：m）

隧道机电设施	300	500	800	1000	1500	3000	5000
	限界大于3.5m的双洞单向行驶并且交通量较大的非城市隧道						
供电	安全洞室供电＋不间断电源＋备用电源						
卫生通风	车辆阻塞时，CO浓度<150ppm，$K<9\times10^{-3}\mathrm{m}^{-1}$						
排烟通风纵向（半横向）横向	采取补偿措施		推荐			必须	需大量排烟通风
气流的控制	—	—	在所有可能的措施中，比较倾向于纵向方式				
照明、灯标系统	安全照明＋在隧道两侧每隔10m设置灯标（诱导灯）系统						
紧急呼叫站	在安全洞室内（间隔150m）＋在应急出入口内						
消防-灭火器	在每个安全洞室设2具灭火器						
消防-供水	每隔200m都应设置一个消防栓（如果允许运输危险品）						
火灾检测	必须设置（常亮状态）						
安全设施标志隧道入口可变信息标志	在隧道每个入口前50m，必须安装						
电动栏杆＋入口可变信息标志	—	—	人工监控时，必须安装				
隧道内可变信息标志车道指示器	—	—	人工监控时，每隔800m需安装			必须 每隔800m	
						每隔400m	每隔400m
无线广播	保证救援车辆信号		救援车辆＋隧道使用者（人工监控）			救援车辆＋隧道使用者的无线电信号	
视频监控和事故自动检测	人工监控时，必须实施					必须实施	

欧盟最低安全标准

表 5-2

最低要求内容摘要			每道交通量≤2000		每道交通量>2000			必须执行的辅助条件或意见
			500~1000m	>1000m	500~1000m	1000~3000m	>3000m	
照明	正常照明	2.8.1点	•	•	•	•	•	
	安全照明	2.8.2点	•	•	•	•	•	
	撤离照明	2.8.3点	○	•	○	•	•	
通风	机械(半)横向通风	2.9.5点	○	•	○	•	•	如有一个监控站,所有的双向道都必须执行
急救站	至少每隔150m	2.10点	*	*	*	*	*	设置1部电话,2具灭火器,在现有隧道内,最大间隔250m
供水	至少每隔250m	2.11点	•	•	•	•	•	如无供水系统,必须采取识别的方法提供足够量的水
标识		2.12点	•	•	•	•	•	用于隧道使用者的全部安全设施
检控站		2.14点	○	○	○	•	•	多个隧道的监控可集打中一个监控站
监控系统	摄像机	2.14点	•	•	•	•	•	当有一个监控站时必须执行
	自动检测事故或检测火情	2.15.1点	○	•	○	•	•	在有一个监控站的隧道内必须至少两个系统中的一个系统
隧道关闭设备	进口前行车红绿灯	2.15.1点	○	•	○	○	◎	当有一个监控站,长度超过3000m时建议执行
	隧道内行车红绿灯至少每隔1000m	2.15.2点						建议执行

• 所有隧道都必须执行 ○ 不是必须的 * 除例外措施外,必须执行 ◎ 建议执行

续上表

最低要求内容摘要		每道交通量≤2 000		每道交通量>2 000			必须执行的辅助条件或意见
		500~1 000m	>1 000m	500~1 000m	1 000~3 000m	>3 000m	
通信系统	干预部门的无线广播 2.15.1点		○	○	•	•	
	隧道使用者紧急无线广播 2.15.2点	•	•	•	•	•	当需无线电传播给使用者和有一个监控站时,必须施行
	避难所和应急出口内的高音喇叭 2.15.3点	•	•	•	•	•	如撤离隧道的使用者等待时,必须施行
备用供电 2.17点		•	•	•	•	•	保证必须的安全设备至少在隧道中运行者撤离中运行
设备的耐火性 2.18点		•	•	•	•	•	为了保持必要的安全功能

•所有隧道都必须执行 ○不是必须的 ⊙必须执行 ＊除例外措施外,必须执行 ◎建议执行

5 隧道机电工程设计

5.2 通风系统

公路隧道不同于地面工程,隧道内需设置通风、照明、消防、监控等设施来保证隧道的安全运营。在运营过程中通风系统的运营费用往往是最高的,因此通风方式应慎重选择,需风量又是确定通风系统的前提,这就要求需风量计算应合理、准确,既不能过大,否则会导致设备闲置浪费,也不能过小,否则会导致通风设备能力不足,满足不了通风需要,影响隧道运营安全。通风系统应能满足正常工况、事故工况以及火灾工况条件下的通风需要,并考虑对隧道结构、环境的影响,可实现自动、远程手动或本地手动控制。

5.2.1 法国隧道内卫生标准

整个隧道内 CO 的平均含量,每 30min 不应超过 50ppm 值,每 15min 不应超过 90ppm。

整个隧道内 NO_2 的平均含量,在每 15min 内不应超过 0.4ppm。

烟雾浊度不超过 $5 \times 10^{-3} m^{-1}$。

隧道发生事故时,在隧道各个点和整个时间段内 CO 浓度最大控制在 150ppm,最大浊度控制在 $9 \times 10^{-3} m^{-1}$。

5.2.2 隧道通风量计算

1) 汽车分类及车辆组成

法国将车辆分为重型车辆(PL)和轻型车辆(VL)。轻型车辆(VL)为客车或 3.5t 货车,重型车辆(PL)为 3.5t 以上货车。在计算中符合不同排放标准的重型车、轻型汽油车与轻型柴油车的比例是根据计算年限所处的各个时间段来分别确定,近期可分为六个阶段,如表 5-3 所示。

不同排放标准及适用时间段表　　　　表 5-3

标准	欧 0	欧 1	欧 2	欧 3	欧 4	欧 5
时间(年)	到 1992 年	1992—1996	1996—2000	2000—2005	2005 年以后	与欧 4 区别不大

2) 轻型车排放量计算

轻型汽油或柴油车的单位排放量计算公式为:

$$e_{VL} = \sigma_{VL} \sum_i h_i \alpha_i e_i \tag{5-1}$$

式中:e_{VL}——在一定时间段和一定行驶条件下汽油或柴油车的平均单位排放量;

5 隧道机电工程设计

σ_{VL}——VL(轻型车辆)排放计算的安全系数;

h_i——柴油或汽油车(VL)的高程系数;

α_i——根据规定的时间段 VL(轻型车辆)的百分比,α_0、α_1、α_2、α_3、α_4 是对应于欧标、欧标1、欧标2、欧标3、欧标4的 VL(轻型车辆)百分比;

e_i——汽油和柴油 VL 基准排放量,e_0、e_1 为不同速度和坡度单位排放量(L/h)(表5-4~表5-6),$e_2 = f_2 e_1$;$e_3 = f_3 e_1$;$e_4 = f_4 e_1$,f_2、f_3、f_4 在表5-7中可以查到。

柴油车(VLD)CO 基准排放量　　　　　　　　　　　　　　　　表 5-4

1.4	排放的 CO(L/h)欧标柴油车						
v(km/h)	-6%	-4%	-2%	0	2%	4%	6%
0	2	2	2	2	2	2	2
5	6	6	6	6	6	6	8
10	8	8	8	8	8	9	10
20	12	12	12	12	12	13	18
30	15	15	15	15	15	17	24
40	15	15	15	15	15	17	24
50	15	15	15	15	15	17	24
60	15	15	15	15	17	19	24
70	15	15	15	15	18	20	24
80	15	15	15	15	19	21	24
90	16	16	16	16	21	24	26
100	17	17	17	17	22	26	28

轻型汽油车(VLE)、柴油车(VLD)NO_X 基准排放量　　　　表 5-5

2.1	排放的 NO_X(L/h) 催化作用下的轻型汽油车 ECE 15-04							2.4	排放的 NO_X(L/h) 欧标柴油车						
v(km/h)	-6%	-4%	-2%	0	2%	4%	6%	v(km/h)	-6%	-4%	-2%	0	2%	4%	6%
0	0.5	0.5	0.5	0.5	0.5	0.5	0.5	0	2.3	2.3	2.3	2.3	2.3	2.3	2.3
5	0.5	1	1.5	2.6	3.2	3.2	4	5	1.6	1.9	2.2	2.8	3	3.2	3.8
10	1.3	2.5	4.3	6.4	8.5	8.5	12	10	2.5	3	3.5	4.3	4.9	5.3	7.5
20	2.7	5.3	9.2	14	21	25	34	20	3	5.3	6.1	7.5	8.7	11	20
30	4	7.5	14	20	30	36	60	30	3.7	7.4	8.4	10	13	18	25
40	6	12	20	30	45	53	74	40	3.5	7.8	8.8	11	14	20	26
50	7	14	23	35	53	63	87	50	3.3	7.8	9.7	12	15	22	28
60	10	19	32	48	70	83	114	60	3.3	6.5	10	13	16	23	31
70	12	24	41	61	81	98	130	70	3.6	5.8	10	14	19	25	34
80	16	31	53	80	98	115	150	80	4.3	7	12	17	23	31	40
90	22	42	72	108	124	142	166	90	5.6	9	16	23	30	40	53
100	28	54	93	130	153	170	210	100	6.8	11	19	27	37	49	64

轻型汽油车(VLE)、柴油车(VLD)烟雾基准排放量　　　　表 5-6

3.3	排放的烟雾(m²/h) 柴油车 ECE 15-04							3.4	排放的烟雾(m²/h) 欧标柴油车						
v (km/h)	-6%	-4%	-2%	0	2%	4%	6%	v (km/h)	-6%	-4%	-2%	0	2%	4%	6%
0	1	1	1	1	1	1	1	0	0.3	0.3	0.3	0.3	0.3	0.3	0.3
5	18	18	18	18	19	21	23	5	5	5	5	5	5	5	5.5
10	19	20	20	21	23	26	31	10	5	5	5	5.5	5.5	6.5	8
20	20	21	23	25	30	36	52	20	5.5	6	6.5	7	8.5	11	14
30	23	25	26	29	37	50	71	30	8	8.5	9	10	12	14	25
40	31	33	36	39	48	70	102	40	9.5	10	11	12	16	22	31
50	34	36	38	43	57	80	119	50	13	14	15	17	24	32	47
60	30	26	38	43	58	83	125	60	14	17	18	20	27	39	59
70	30	36	38	42	58	84	128	70	13	15	16	18	15	36	55
80	29	36	37	41	57	83	129	80	10	12	13	14	22	29	44
90	32	38	41	45	63	94	145	90	12	14	15	17	23	36	54
100	47	57	60	67	94	140	217	100	19	23	24	27	38	58	87

根据欧洲规定的轻型车衰减系数　　　　表 5-7

类	型	欧 1	欧 2(f_2)	欧 3(f_3)	欧 4(f_4)
CO	VLE	1	0,8	0,8	0,4
	VLD	1	1	0,8	0,65
NO$_X$	VLE	1	0,7	0,55	0,35
	VLD	1	1	0,8	0,4
烟雾	VLD	1	1	0,6	0,3

VLE 或 VLD 的计算公式为：

$$e_{VL} = \sigma_{VL}[h_0\alpha_0 e_0 + h_1(\alpha_1 + \alpha_2 f_2 + \alpha_3 f_3 + \alpha_4 f_4)e_1] \tag{5-2}$$

如果 a_{VLD} 为柴油车的百分比(%)，则 VL(E+D) 车辆的计算公式为：

$$e_{VL} = (100 - a_{VLD})\frac{e_{VLE}}{100} + a_{VLD}\frac{e_{VLD}}{100} \tag{5-3}$$

3) 重型车辆的排放量计算

重型车的排放计算原则与 VL(轻型车辆)不同，其基础数据有限，它只涉及一个类型的发动机，10tPL(重型车辆)发动机，计算公式如下：

$$e_{PL} = \sum_i \sigma_{PLi} gh\beta_i e_i \tag{5-4}$$

式中：e_{PL}——在一定条件和时间内 PL 的平均单位排放量；

σ_{PLi}——PL(重型车辆)排放计算的安全系数;

g——质量或功率系数;

h——高程系数;

β_i——根据规定适用不同阶段的 PL(重型车辆)百分比,β_0、β_1、β_2、β_3、β_4 分别对应于欧标、欧标 1、欧标 2、欧标 3、欧标 4 的 PL 百分比;

e_i——10tPL 基准排放量。

$e=(e_0,e_1,e_2,e_3,e_4)$,e_0:在相对应的 3 个对应表格中确定,其中 $e_1=f_1e_0$,$e_2=f_2e_0$,$e_3=f_3e_0$,$e_4=f_4e_0$,f_1、f_2、f_3、f_4 在表 5-8 查到。

根据欧洲规定的重型车衰减系数　　　　　　　　　　　表 5-8

类　型	预欧 0	欧 1(f_1)	欧 2(f_2)	欧 3(f_3)	欧 4(f_4)
CO	1	0,65	0,65	0,45	0,23
NO$_X$	1	0,55	0,45	0,31	0,22
烟雾	1	0,65	0,25	0,18	0,03

相应计算公式如下:

$$e_{PL}=\left(\sigma_{PL0}\beta_0+\sum_i^4\sigma_{PLi}\beta_if_i\right)e_0gh \qquad (5-5)$$

关于重型车(本次选用载重量为 10t 的重型车作为基准车辆)在不同行驶时速,不同隧道纵坡的 CO 基准排放量(表 5-9)、NO$_X$ 基准排放量(表 5-10)、烟雾基准排放量(表 5-11)的表格如下。

10t 重型车 CO 准排放量　　　　　　　　　　表 5-9

8.1	排放的 CO(L/h)10t 的重型车辆						
v(km/h)	-6%	-4%	-2%	0	2%	4%	6%
0	42	42	42	42	42	42	42
5	55	74	91	110	112	117	124
10	60	80	100	120	126	137	150
20	70	92	114	138	154	177	204
30	80	105	131	158	183	218	261
40	88	119	147	177	215	264	322
50	96	128	158	191	225	310	383
60	106	142	176	212	281	361	450
70	117	158	195	235	320	418	
80	128	172	213	257	364	478	

10t 重型车 NO$_X$ 排放量　　　　表 5-10

8.2	排放的 NO$_X$(L/h)10t 的重型车辆						
v(km/h)	-6%	-4%	-2%	0	2%	4%	6%
0	56	56	56	56	56	56	56
5	43	58	71	86	92	102	114
10	53	70	87	105	116	138	164
20	70	94	116	140	170	213	266
30	89	119	148	178	226	292	372
40	106	143	178	213	285	379	487
50	120	161	199	240	341	464	601
60	140	188	232	280	410	561	728
70	161	216	267	322	483	666	
80	182	243	301	363	565	781	

10t 重型车烟雾基准排放量　　　　表 5-11

8.3	排放的烟雾(m^2/h)10t 的重型车辆						
v(km/h)	-6%	-4%	-2%	0	2%	4%	6%
0	32	32	32	32	32	32	32
5	44	60	74	89	91	94	99
10	48	63	79	95	100	107	116
20	54	72	90	108	118	133	152
30	60	81	100	121	138	161	189
40	66	89	110	133	158	191	229
50	71	96	119	143	178	221	269
60	78	105	130	156	202	255	314
70	86	115	142	171	228	292	
80	93	125	154	186	257	333	

4）隧道需风量计算

隧道每公里需风量计算公式为：

$$Q_{AF} = e \frac{n}{c - c_0} \quad (5\text{-}6)$$

式中：n——隧道单位长度车辆数量；

c_0——新鲜空气污染浓度；

c——卫生标准；

e——车辆单位排放量。

新鲜空气污染浓度 c_0，在田野可忽略不计；在城区、交通区，可利用空气监测提供的数据。如果没有实测数据可按以下范围取值：$c_0(NO_2) \approx 0.05 \sim 0.10 ppm$；$c_0(CO) \approx 2 \sim 5 ppm$；浊度的 $c_0 \approx 0.15 \sim 0.4 \times 10^{-3} m^{-1}$。

此外，还需保证隧道内每小时 3～4 次的换气频率。除了汽车排放以外，还有另一种污染，即汽车运行磨损产生的尘埃和掀起路面上的灰尘，瑞士曾有一份资料提出该值取决于车辆数量和车速。

5）火灾工况通风量

不同车辆类型对应的频率如表 5-12 所示。

火灾频率 表 5-12

车辆类型	轻型车	载重车	载重车（重大火灾）
频率(10^{-8}veh·km)	2	7	1

火灾规模的大小将直接影响隧道内产生上浮力与所需纵向风速的大小，火灾规模越大，所产生上浮力与所需要提供的纵向风速就越大，所需要的排烟风机就越多（表 5-13）。对于中、长隧道内所需风机台数多数是由火灾工况控制的，因此火灾规模的合理确定也是非常重要的。

隧道火灾规模基准 表 5-13

隧道类型		火灾特征	火灾等级（MW）	烟雾量（m^3/s）	纵向通风方式下隧道内风速（m/s）
限界<2m		2辆或3辆轻型车	8	—	2
2m<限界<3.5m		1辆货车	15	50	2.5
限界>3.5m	无危险货物运输	载重车大火灾	30	80	3
	有危险货物运输	油罐汽车	200	>300	4

6）计算实例

如表 5-14～表 5-17 所示为东西高速公路 T2 隧道计算结果，除阻滞工况外均以稀释 NO_X 控制。

车型比例 表 5-14

车型	VL（轻型汽油车）	VL（轻型柴油车）	PL（载重汽车）
欧标前	11%	5.3%	0.96%
欧1	7.66%	8.39%	1.12%
欧2	11%	11.04%	1.92%
欧3	18.18%	19.43%	4%
欧4	0	0	0

计 算 工 况　　　　　　　　　　　　　表 5-15

工　况	交 通 状 况	v(km/h)	交 通 量
工况 1	阻滞	0	170 uvp/km/每车道
工况 2	阻塞	10	1 100 uvp/km/每车道
工况 3	畅通	70	1 800 uvp/km/每车道
工况 4	畅通	100	1 500 uvp/km/每车道

卫 生 标 准　　　　　　　　　　　　　表 5-16

交 通 状 况	阻滞(0km/h)	阻塞(10km/h)	畅通(70/100km/h)
CO(ppm)	150(最大)	50(平均值)	50(平均值)
NO(ppm)	—	4(平均值)	4(平均值)
能见度(m^{-1})	9×10^{-3}(最大)	5×10^{-3}(最大)	5×10^{-3}(最大)

注:$[NO]/[NO_2] \approx 10$。

需 风 量　　　　　　　　　　　　　表 5-17

交通状况	阻滞	阻塞	畅通(70km/h)	畅通(100km/h)
需风量(m^3/s)	48.32	225.4	204.1	179.5
控制工况	能见度	NOx	NOx	NOx

5.2.3　隧道通风方式选择

1)交通量大的非城市隧道

(1)机械通风隧道长度

隧道长度超过500m时需考虑通风,但500~800m长的隧道在设置了完善的疏散和保护人员的补偿措施后,可不设置机械排烟系统。

(2)单向行驶隧道

纵向通风适用的最大长度为5000m,如果超过5000m应增加排烟系统。

(3)双向行驶隧道

一般采用横向系统,但当隧道长度小于1000m,正常营运时不需要通风,若采取加强人员疏散和保护的措施,也可安装纵向通风系统;隧道长度大于或等于1000m,正常营运时需要通风,应采取加强人员疏散和保护的措施以及足够的监视系统后(没有监视系统应有火灾自动检测装置),并可安装纵向通风系统。

2)低交通量的非城市隧道

隧道超过1000m,隧道需设置通风系统。

5.2.4 射流风机与横通道通风技术要求

1）射流风机技术要求

对于允许运输危险品车辆通过的隧道,风机应能够在400℃的温度下运行120min;若不允许运输危险品车辆通过,风机应能够在200℃的温度下运行120min。固定装置在450℃环境中维持2h,射流风机安装应配备振动传感器,可监控风机的振动、平衡、轴承温度或轴承工作状态,这对加强安全和维护风机相当必要。国外射流风机安装多采用后期打孔埋设螺栓,有三种类型的锚栓,即制动式螺栓、膨胀式、化学黏结固定方式,一般采用制动式螺栓,螺栓最小直径不小于16mm,每个锚固的尺寸都要能抵抗大于4倍服务荷载的计算应力,锚固服务荷载是静态荷载与动态受力的和,一般取静态荷载的2倍。锚固静态荷载等于锚固悬起的所有构件自重部分,很少像国内采用预埋钢板方式。

风机是不允许掉下来,特别是在火灾发生的情况下,为此,除正常连接构件外还需安装安全吊链。安全链都是不锈钢材料,按风机4倍重量来制作,不能太紧,不要把力或震动传递到它们的锚固端上,风机保护固定与风机安装固定应分开。支承风机的结构承载力不应小于风机实际静荷载的15倍,风机安装前应做支承结构的荷载试验。

2）横通道通风技术要求

横通道在防火门处安装风机进行局部增压,增压不小于30kPa,不高于80kPa,防火门耐火2h。通过设置在横洞门处风机供应新鲜空气,也可由洞外风机通过预留空气管道供应至横通道内,一般应保证至少0.75m/s的空气流动速度。如图5-1所示。

图5-1 横通道防火门与通风系统

5.2.5 有关问题的探讨

1）隧道设置通风(排烟)系统的长度

目前我国《公路隧道通风设计细则》(JTG/T D70/2-02—2014)中规定以 L×N 是否大于某个数值来作为设置机械通风的初步判定方法。而各地交通量差异较大,对究竟隧道多长需设置通风系统有些专家持有异议。为此可结合公路等级、对既有隧道综合调查后提出一些建议,单洞单向且长度低于1 000m时可不设机械通风,超过1 000m则一般应设置机械通风系统。

2）卫生标准

目前我国《公路隧道通风设计细则》(JTG/T D70/2-02—2014)中仅规定了 NO_2 的卫生标准,但并没有给出稀释 NO_2 的需风量计算公式,无法进行准确的稀释 NO_2 的需风量计算。法国 NO_2 基准值如表5-18所示。

法国 NO_2 基准值　　　　表5-18

年份(年)	NO_2 基准值	年份(年)	NO_2 基准值
2003	0.8ppm	2007	0.5ppm
2005	0.6ppm	2010年及以后	0.4ppm

3）汽车排放基准量

我国是以2000年机动车尾排有害气体为基准排放量,并按每年2%的递减率进行折减,折减年限不超过30年。但根据目前实际情况,很多项目工可交通量预测远期年限已经远超过2030年,对通风计算产生较大影响。

4）火灾工况

对于高速公路隧道,在许多情况下射流风机台数的确定是以火灾工况控制,火灾临界风速的大小直接影响着隧道风机台数的多少。而目前我国《公路隧道通风设计细则》(JTG/T D70/2-02—2014)中针对不同热释放率规模的临界风速给出的是一个范围,选取不同临界风速对通风规模影响较大。为此建议针对不同公路等级与运输功能对隧道火灾临界风速提出建议,如一般情况下的高速公路中、长隧道可按3.5m/s,特长隧道可按4m/s。

5.3 照明系统

5.3.1 概述

在欧洲,隧道照明系统的设计理念与国内基本相同,即加强隧道入口段的照明亮度,保证行驶车辆能够适应从洞外到洞内光线的视觉变化,控制隧道内的照明亮度,照明控制合理划分等级,达到安全、节能的目的。

对于入口段加强照明,按照欧洲标准(表 5-19),如采用对称照明,其亮度要求高于国内标准,安全性也相对较高。为了达到节能目的而不降低安全性,欧洲隧道入口段加强照明多采用逆光照明。根据逆光照明的原理,其亮度要求也就大大降低。目前,国内隧道主要还是采用对称照明,很少采用逆光照明,没有相关的逆光照明亮度要求。

法国 CETU 入口段照明亮度标准　　　　　　　　　　表 5-19

等级	车速(km/h)	入口段亮度		入口加强段的长度 (根据基本段亮度)		
		对称照明 (cd/m²)	逆光照明 (cd/m²)	8cd/m² (m)	5cd/m² (m)	2cd/m² (m)
强	130	—	(440)	600	660	790
	110	(550)	210	360	410	640
	90	(280)	120	300	350	510
	70	150	90	240	290	350
	50	70	—	150	180	270
中	130	—	(290)	550	620	740
	110	(360)	140	300	350	590
	90	180	80	250	300	490
	70	100	60	200	250	350
	50	50	—	120	150	270
弱	130	—	140	470	530	670
	110	180	70	230	260	420
	90	90	40	170	220	390
	70	50	30	140	180	340
	50	25	—	80	100	220

对于隧道内的基本照明,欧洲规范要求一般为 $4 \sim 5 cd/m^2$,根据日常经验和相关研究,其亮度足以保证隧道内的行车安全,并达到节约能源的目的。

欧洲标准中对安全照明(应急照明)的规定比较明确。当供电发生故障时为了保证使用者驶出隧道,需要设置安全照明,安全照明还需保证安全设施的定位照明以及紧急出口照明,其照度应达到在车道和人行道上的亮度不小于 10lux,其他点的亮度不小于 2lux。

隧道内必须设置发光路标(撤离照明),安装在人行道上方1m处(高度不超过1.5m),纵向间距10m,保证火灾烟尘遮挡住高处照明时,人员能够安全撤离,且能承受N3等级的火灾强度。安全照明都必须用不间断电源供电,且至少保证30min的持续时间。

5.3.2 M3标段隧道照明设计

本路段隧道为双向六车道高速公路隧道,设计车速80km/h。

5.3.2.1 采用的亮度标准

加强照明区段分为5个渐变过渡等级,每个过渡段到下一个过渡段均递减一半的强度,加强照明区段长349.5m。隧道亮度见表5-20。

隧道亮度一览表　　　　　　　　　　表5-20

过渡段	长度(m)	亮度(cd/m²)	过渡段	长度(m)	亮度(cd/m²)
P1	120	140	P5	36	10
P2	40.5	70	正常段	隧道余长	5
P3	81	35	出口	68	24
P4	72	20			

5.3.2.2 照明灯具布置及控制

1)基本段照明

基本段照明采用对称型,采用2×70W(双头)高压钠灯,间距12.5m,控制分为四种情况:

白天:有阳光的晴天,100%;

夜晚:夜幕降临,50%;

夜晚:深夜及车辆很少,25%;

安全:安全照明不能关闭。

2)加强段照明

进口加强段采用逆光照明,高压钠灯的瓦数分别为150W、250W、400W,其控制分为两种情况:

白天:有阳光的晴天,100%;

阴天:有云的白天,50%。

出口段加强照明采用250W高压钠灯,间距8.5m。在欧洲隧道出口段大多数作加强处理,也有不作加强过渡的,如隧道洞口朝北或其他不存在眩光的朝向。本次设计洞外不设路灯照明。

5.3.2.3 供电方式

基本段照明共设置6条供电回路,入口段加强照明设置4条供电回路,出口端加强照明设置2条供电回路。除了安全照明供电回路外,其他回路都配备在TGBT(低压配电盘)接触器上,安全照明电路通过TGBT-S供电,因此不需要设置接触器。

5.3.2.4 横通道照明与标杆照明

人行通道和车行通道照明采用2×36W荧光灯,安装在横通道顶部,人行横洞灯具间距3.3m,车行横洞灯具间距2.5m,并能达到平均照度为100 lux的舒适照明。标杆灯布置在距离人行道顶面1m高度,每隔10m安装一个,采用发光二极管。如图5-2所示为阿尔及利亚已建隧道照明实例。

图5-2 阿尔及利亚已建隧道照明实例

5.4 火灾检测和消防救援

5.4.1 概述

根据欧洲标准,隧道内必须设置火灾自动检测系统和消防供水系统。总体看来,欧洲标准中对火灾检测和消防系统的要求与国内基本相同。理念上,欧洲隧道内的消防栓主要是针对专业的消防队伍,比较合乎情理。一般情况下,发生火灾时,隧道使用者也只能报警以及利用简单的灭火器灭火,不可能使用消防栓等专业消防器材。

5.4.2 消防系统

消防系统由安全洞室内的灭火器、隧道内消防与供水系统组成。隧道内消防供水与国内隧道基本相同,采用高位蓄水池常高压供水方案,一般至少能保证持续 2h 的供水量。隧道供水方案也有直接采用水泵加压供水方式,应保证有足够的水量供应。隧道内间隔 200m 设置一个消防栓,安装在消防洞室内。消防栓的出水压力要求为 0.4~0.8MPa,流量要达到 60m³/h,高于国内要求。隧道内间隔 150m 设置一处安全洞室,安全洞室内放置 2 具灭火器,手提式干粉灭火器和手提式泡沫灭火器各 1 具,性能最少是 13A 和 183B,当灭火器被取下时,有信号会传递到控制中心(GTC)。

本次设计隧道高位水池采用 200m³,需高出洞口 70~80m。高位水池设计时把一个池子分为两部分,每个池子容量为 100m³(80m³ 消防灭火专用 + 随意支配的 20m³ 用于隧道维护需要)。隧道内消防管道每隔 400~600m 装有隔离阀分段,横通道的连接管道都要装隔离阀。所有高点位配有排空气的装置,所有低点位都装有排水装置。整个消防管网的最大压强:16bars 是可接受的(最大静压 + 水冲击)。根据隧道长度经计算 T1 消防干管采用 DN150,T2 消防干管采用 DN200;消防栓包括 1 个 DN100 接口和 2 个 DN65 接口,未配备水龙带。如图 5-3 所示。

图 5-3　隧道消火栓与安全洞室布置

5.4.3 火灾探测系统(DI)

东西高速中标段的两座隧道内均采用线性感温的光纤传感系统,以便及时检测火灾,并自动启动报警及排烟系统。感温光缆沿隧道侧壁通长敷设,为避免检修时关闭整条隧道,建议感温光缆用耐火紧固件安装在慢车道一侧桥架上,电缆与照明设备的距离不小于10cm,并防止任何形式的滑动和位移。感温光缆和GTC(控制中心)系统相连,当隧道内的自动火灾监测系统遇到在下述情况下之一,就启动报警:

(1)区域温度高于最高限制温度(比如55~60℃)。
(2)温度成梯度上升(比如1min上升12℃)。
(3)测量点和区域平均温度的温度差(比如15℃)。

5.5 CCTV和事故检测系统

5.5.1 闭路电视(CCTV)

隧道内摄像机间距设定为20倍的安装高度,大约为100m,在进出口间距还可减小,比国内布置得要密一些。隧道内固定摄像机能自动监控隧道状况,摄像机的视频信号通过同轴电缆传到隧道洞室的控制箱内,由光学发射器再把视频信号传送到另一组设备(解码器、分析仪和记录器);动态摄像机监控隧道两端(洞外)的状况,安装于距洞口约100m的立柱上,这些摄像机的控制箱内集成了供电和信号传送设备(视频光学传送器和远程数据传输发射和接收器)。

为保证摄像机图像的传输质量,免受洞内大功率用电设备(如风机等)工作时对图像信号的干扰,图像传输采用光缆作为传输介质。在隧道管理站设置有视频矩阵、录像机和显示器,隧道内和隧道外的图像通过光缆传输到隧道管理站,管理站的工作人员可调看现场的任意一路图像。

5.5.2 视频自动检测系统

隧道管理站设置有视频自动检测系统,对隧道内的突发事件进行自动检测(车祸、交通流、火灾、逆行车辆、障碍物、隧道内行人的走动等)。隧道内不设置线圈车辆检测器,主要是利用CCTV的事件检测功能。欧洲标准中对事故检测系统有明确规定,要求隧道内必须设置,目前国内是根据隧道交通工程等级划分情况确定是否进行设置。

视频自动监测系统的一般性能如下:

平均监测时间:15s;
监测量:90%;
误警报率:错误警报/摄像头。

5.6 紧急呼叫网络(SOS)

本项目隧道内的紧急呼叫系统是一个有人工智能界面的独立系统,与国内基本相同,都采用光纤型紧急电话。紧急电话包括话筒、听筒和按键,安装在安全洞室内,间距150m。洞室内除了安装紧急电话外,还配备灭火器,当取灭火器时会发出警报,警报信号会被传递至控制中心。但在发生火灾时,洞室不是安全庇护处,因没有防高温措施、烟雾封闭系统与氧气供应系统。与国内有所区别的是,为了便于逃生人员呼叫,隧道的横通道内以及临时庇护所内也均设置有紧急电话,更具人性化。

隧道洞口和高速公路沿线(间距约2km)也设置紧急电话系统。

5.7 动态信号和封闭设备

5.7.1 动态信号设备

本项目动态信号和封闭设备主要包括可变信息标志、交通灯、车道指示器、洞口电动栏杆等。与国内相比,欧洲隧道的进出口处均设置有电动栏杆,当隧道内发生事故时,电动栏杆关闭,可更有效地阻止隧道外车辆继续驶入,体现出对安全性的重视。我国目前还很少设置封闭设备。

隧道洞口前设置交通信号灯、可变信息板,长度超过1 000m 隧道,洞内也应安装上述装置,间距300m 左右。在隧道两侧每隔150m 交错设置发光灯箱指示最近的安全出口和安全出口的距离。

(1)隧道内动态信息显示牌(大型情报板,图5-4)PMV 技术参数:

图5-4 洞外情报板示意图

①29mm 间距 16×128 矩阵;
②15 个分开字符的字母(高 250mm);
③29mm 间距 32×32 点阵用于显示符号。
(2)隧道外动态信息显示牌(大型情报板)PMV 技术参数:
①29mm 分布间距的 16×128 两矩阵线;
②2 排字符显示,每排能显示 15 个独立的字符;
③间距 29mm,48×48 点阵,用来显示符号。

隧道洞口以及距洞口 300m 和 600m 处各装有一组车道指示器(每组 3 个),洞内每隔约 300m 设置一处,车道指示器采用 LED 显示屏。

动态警示牌(图 5-5)采用 LED 显示屏,设置间距约 300m,仅用于显示交通信息(限速、禁止超车、通告危险),本路段隧道为单向三车道,显示牌装在慢车道和快车道边上,警示牌要考虑运行模式的双向性,因此快车道侧显示牌都是双面的。

图 5-5 动态警示牌(禁止超车、限速)

5.7.2 洞口封闭设备

为避免行驶车辆在有信息提示及信号灯已禁止进入隧道时,仍有车辆进入隧道,在洞口设置栏杆机(图 5-6),洞口栏杆机一般安装在距隧道口 50m 处,其特征参数如下:

(1)一个 B1 指示牌;
(2)一个 R24 指示灯;
(3)一个响铃(动作时的响铃);
(4)一个操控箱。

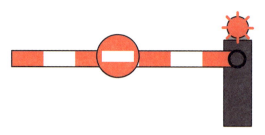

图 5-6　栏杆机示意图

在前进方向,关闭隧道是通过两个电动栏杆机来实现,两个栏杆机之间应该有足够的空间允许急救车辆通过。在双向通行情况下,关闭隧道是通过安装在反方向的一个电动栏杆来实现。洞口外信号装置及栏杆机布置示意如图 5-7 所示。

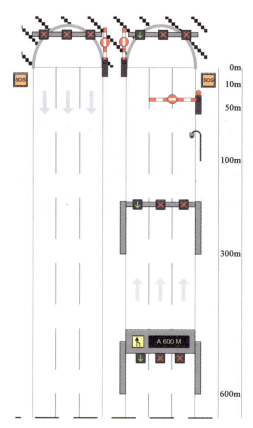

图 5-7　洞口外信号装置及栏杆机布置示意图

5.8 隧道供配电

5.8.1 概述

根据欧洲设计习惯,隧道内设备的供电设施尽量放在隧道外或隧道横通道处,避免发生火灾时对其造成破坏。若放在隧道的洞室内,则必须安装防火门。

欧洲对供电电缆的防火性能有明确分级,由低到高主要分为 C_2、C_1、CR_1C_1 三个等级。CR_1 是指电缆的耐火性要达到法国安全规范 NF C32-070 中 N°3 试验所规定的性能,C_i($i=1,2$)是指电缆的阻燃性要达到法国安全规范 NF C32-070中 N°2 试验所规定的性能。

5.8.2 M3 隧道供配电设计

本项目隧道内的设备全部采用低压供电,高、低压配电柜和变压器均放置在洞外的变电站内。低压电缆通过隧道路面下的多管道组引至配电洞室和安全洞室,重新分配后引至各设备。洞室内的分线箱均要求防火保护,国内目前还没有相关规定。隧道内的重要回路(安全照明、监测设备等)均由 UPS 供电。

5.8.2.1 低压配电

1)隧道内除照明和通风外所有设备供电

(1)每一供电区段有 2 条供电电缆。

(2)每个安全洞室设 1 个配电箱,用于本区段所有用电设备电力供应,包括标杆灯。

(3)所有安全洞室的供电电缆为 C2 等级,为了避免直接受到火灾影响,通过多管道组连接。

2)通风设备供电

(1)每个通风设备(电机)对应于一个供电回路,由一根电缆供电。

(2)穿管保护的电缆为 C2 型,从安全洞室到风机的为 CR1C1 电缆。

3)隧道照明供电

(1)照明区供电长度不超过 600m。

(2)给第一供电区段供电的电缆在洞口直接爬升到拱部电缆槽,不经过安全洞室。

(3)给第二供电区段供电,由安全洞室引入。

5.8.2.2 高压配电

T1隧道只有一路电源,设置了发电机组保障救援供电。T2隧道有两路独立电源,不再设置发电机组,但两路电源之间设置高压联络线。在正常情况下所有高压开关处于关闭状态,当电力供应减弱或被切断时,低压进行切换保证隧道应急供电,每个变压器需要负载隧道一半的电力负荷。

5.8.2.3 不间断电源(ASI,UPS)

在供电网络被切断或有故障的情况下,独立的安全设备需要通过另一套不间断电源供电,至少保证120min。和不间断电源相接的设备有:

(1)隧道安全照明(基本照明、避洞照明、横通道照明)。
(2)标杆灯。
(3)信号。
(4)视频自动监测器。
(5)检测设备。
(6)紧急呼叫。
(7)传输设备。
(8)洞内GTC系统的模块。
(9)交通管理设备和紧急信息设备(动态信息显示牌)。
(10)本地控制中心(无线通信、中央控制室、视频监视器、自动监测仪等)。
(11)关闭隧道栏杆和相关的信号设备。

5.8.2.4 电缆类型

本项目所有桥架上的主电缆(明敷的电缆)最低要求是C1等级(根据NF C32-070标准,不蔓延火灾);明敷的设备供电电缆,最低要求是CR1C1等级(根据NF C32-070标准,耐火);敷设在管道内的缆线,不直接经受火焰威胁,最低要求是C2等级。

5.9 无线通信网络

所有长度大于1 000m,交通量每道大于2 000辆的隧道内都需安装干预部门使用的无线电传播设备,应设置FM调频向行车者传递信息。需要时可通过监控站中断隧道无线电传播,向隧道使用者播放紧急信息。

本项目无线通信系统由业主委托其他单位完成,不包括在本次设计内。

5.10 监控中心

5.10.1 概述

当隧道长度超过3 000m且每道交通量高于2 000辆的隧道要设监控站,隧道监控中心既能保证国家层次的集中监控,也能实现对隧道内设备的就地或远程控制以及设备的自动检测。隧道管理和控制系统需具备以下功能:

(1)正常运营条件下的节能控制。
(2)维持各系统的有效性,监控隧道内设备处于良好的运作状态。
(3)交通量监测。
(4)向行车者提供信息。
(5)隧道发生事故时启动安全行动,安全设备调入,启动紧急疏散预案。
(6)管理、安全设备的维修与养护。
(7)指示可能的火灾事故区、有毒气体的聚集以及隧道内的可视条件。
(8)在数据库中对传输的数据、发生的警报及采取的行动措施进行记录、归档。

隧道安全管理系统应设置双计算机备份系统,以保证紧急情况下的安全控制。其最低要求为:

(1)运营状态的安全性。
(2)紧急状态的安全性。
(3)远程管理的可靠性。
(4)安全系统的协同管理。
(5)冗余性、模块化。
(6)用户优先权。
(7)与普通信息和自动化技术的兼容性。

为了确保隧道运营的持续性和安全性,法国第2000-63号通报中提出了实施隧道监控的四个等级:

1) D1等级——单一的值班

该等级为最低限度,紧急情况的电话呼叫以及在必要情况下的自动报警都应该被一个服务部门接收到,该部门必须保证24h有人值班,该部门可以在确认需要帮助的情况下,提供应急服务。

2) D2等级——具有反应装置(方式)的值班

该等级是无人值守形式,是在报警的情况下由人工来启动的控制操作,例如排烟实施和信号装置的启用都要取决于工程中突发事件的状况;其他设备,如图像监控、控制系统等设备被安装在有人值班的部门,当有报警时该设备可以自动呈现图像等。

3)等级 D3——非长期的人工监控

根据交通运输的重要性和隧道的特点需要在某些时间段内由人工监控来确保运营安全。通过人工监控,可以用图像设备来查看隧道内部及其外部的情况,工作人员也可以接收报警并启动适当的措施来应对所有异常的情况。当不能确保长期人工监控的时候,D1 或 D2 等级中所描述的方式可以被实施,以此来确保长期监控的运行。

4)D4 等级——长期的人工监控

长期人工监控的必要性应依照隧道和交通的特点来衡量,但对于超过 1 000m 的城市内大流量隧道和超过 3 000m 的非城市内大流量隧道都是必需的;长期的人工监控对于交通运输量较少的长隧道也是必需的,尤其是如果交通运输比较重要的隧道或是重载运输比率非常大的隧道,则更需要长期的人工监控。

无论监控采用哪一个等级,在任何时候都只能被唯一的控制台所控制,这样做的目的是避免多个控制台同时发出指令所产生的混乱。

5.10.2 隧道监控中心设计

M3 标段共设两座隧道,仅在 T2 隧道设置有人值守的监控中心(图 5-8),这些操作台可以同时控制 T1 和 T2 隧道。

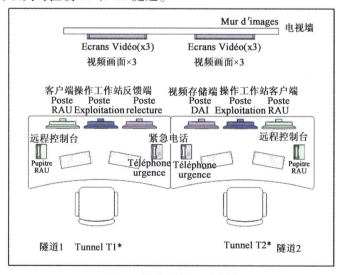

图 5-8 隧道监控中心示意图

隧道监控系统(图5-9)主要由监视系统、GTC、视频监控和视频事件检测系统、紧急呼叫网络、无线广播等组成。

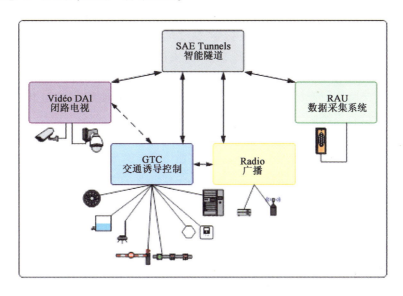

图5-9　隧道监控系统组成

(1)中央控制室的控制方式有：

①本地控制方式：维护人员直接在设备或控制柜上操作。

②远程自动模式：通过自动监视系统管理(正常通风，加强照明管理)。

③程序远控方式：通过预编程控制系统和监视系统管理，它涉及整个系统，并且需要通过操作者确认和执行动作(比如探测到有火灾发生时，经操作者确认后，通风机才自动启动)。

④人工远控方式(在控制权限范围内启动系统或在演习中启动系统)。

⑤维护状态方式。

(2)集中控制系统GTC(PLC部分)正常工况下的操作模式：

①警告：设备故障。

②报警：运行中重大事件(故障、事故等)。

③能够管理和筛选重大事件警报和维护警报。

(3)在事故情况下的操作模式：

①在发生事故的情况下，GTC以最简单的控制模式让操作者处理，所有正在运行的模式中，事故现场的处理具有最高优先权。

②当系统探测到事故情况时,自动将信息传递给操作者(比如:能见度达到上限阈值→调整通风系统;监测到有汽车停在慢车道上→通过信号系统隔离慢车道)。

③需要经过操作人员的确认/接受,接受后再转为报警模式。

④事先设定意外情况的处理预案,如火灾(关闭隧道、启动火灾情况下通风系统、紧急出口增压、处理可能产生的污染、最大程度的照明、电力供应等),重大事故(关闭隧道、处理可能产生的污染、最大程度的照明等),行车道上的轻微事故(通过信号系统隔离相关车道)等。

隧道的控制是通过安装在操控台上人工智能界面实现的,智能界面上有总的系统界面及各子系统(信号、照明、通风、消防监测等)界面,如图5-10～图5-13所示。通过在这些界面操作,能够检查各个子系统运转是否良好,并根据实际情况,启动或停止一个设备或一组设备。

图5-10 操控系统总界面示意图

图5-11 照明系统操控界面示意图

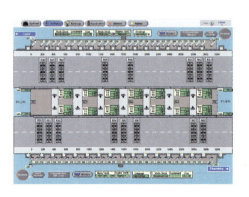

图5-12 通风系统操控界面示意图

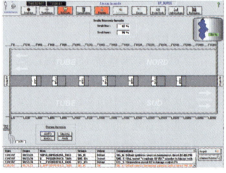

图5-13 消防系统操控界面示意图

5.11 东西高速公路隧道火灾逃生模拟分析

阿尔及利亚东西高速公路允许运输危险品车辆通过，如果发生火灾其危害性会更大，为此采用 FDS 对隧道发生火灾以及逃生情况进行了模拟分析。

5.11.1 火灾规模与安全标准

5.11.1.1 火灾规模

法国隧道火灾规模基准如表 5-21 所示，东西高速公路允许危险货物运输（TMD），在单向行驶情况下采用 200MW，按运输危险品载重车发生火灾考虑；在单洞双向行驶情况下采用 100MW，按一般载重车发生火灾考虑。

隧道火灾规模基准　　　　表 5-21

隧道类型		火灾特征	火灾等级（MW）	烟雾量（m^3/s）	纵向通风方式下隧道内风速（m/s）
限界<2m		2 辆或 3 辆轻型车	8	—	2
2m<限界<3.5m		1 辆货车	15	50	2.5
限界>3.5m	无危险货物运输	载重车大火灾	30	80	3
	有危险货物运输	油罐汽车	200	>300	4

5.11.1.2 安全标准

发生火灾时隧道内人员会置身于高热与有毒浓烟中，丧失能见度，会吸入有毒烟雾，被高温熏烤，使隧道内人员受到伤害，甚至无法逃生，因此在前期设计中应保证在火灾发生时可为隧道内人员提供一定的安全保障与逃生条件，能够使隧道内被困人员尽快撤离到安全地带，在火灾情况下隧道内人员可承受的卫生环境标准如下：

能见度：20m（0.2 m^{-1}）；
逃生区温度：15min 内，<80℃；
CO 浓度：60～10min 内，500～3000ppm；
热辐射：10min 内，2kW/m^2；消防人员 5kW/m^2。

5.11.2 FDS 三维模型及模拟结果

5.11.2.1 FDS 三维模型

隧道长度 1780m，为双向六车道高速公路隧道，隧道内通行车辆以小型车为主。

火灾点按发生在距离出口 1/3 处考虑,单向行驶条件 3D 模型长度约 600m(PM900-PM1500),如图 5-14 所示;双向行驶条件 3D 模型长度约 750m(PM900-PM1650),如图 5-15 所示。火灾模型特性如表 5-22 所示,火灾能量变化如表 5-23 所示。

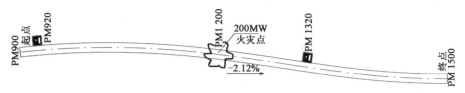

图 5-14 单向行驶火灾三维模型示意图

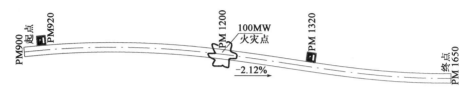

图 5-15 双向行驶火灾三维模型示意图

火灾模型特性 表 5-22

工 况	双洞单向行驶	单洞双向行驶
长度(m)	600m(PM900~PM1500)	750m(PM900~PM1650)
高度(m)	9	9
宽度(m)	15	15
横断面面积(m^2)	89	89
坡度(%)	-2.12	-2.12
重型车尺寸	长度20m,宽度2.5m,高度4m	长度20m,宽度2.5m,高度4m
火灾特性	火灾位置:PM1200 (距模型起点300m) 火灾规模:200MW 火灾面积:50m^2	火灾位置:PM1200 (距模型起点300m) 火灾规模:100MW 火灾面积:50m^2

火灾能量变化表 表 5-23

双洞单向行驶工况		单洞双向行驶工况	
时间	火灾能量(MW)	时间	火灾能量(MW)
T_0	0	T_0	0
T_0+600s	200	T_0+600s	100
$T_0+4200s$	200	$T_0+4200s$	100
$T_0+6000s$	0	$T_0+5400s$	0

5.11.2.2 人员撤离条件

根据法国CETU指南要求：

驾乘人员离开载重车及轻型车的时间是1.5min,离开客车的时间是5min。

在能见度好($K<0.2m^{-1}$,$d>20m$)的情况下人员撤离速度为1m/s,在能见度差($0.2<K<0.8m^{-1}$,$5<d<20m$)的情况下撤离速度为0.5m/s,在看不清($K>0.8m^{-1}$,$d<5m$)的情况下撤离速度为0.3m/s。

隧道内车辆上的人员,除大客车外平均按每辆车1.5人考虑,大客车按每辆车50人考虑。

5.11.2.3 烟雾扩散、能见度

1)双洞单向行驶条件(200MW)

运输危险品车辆在PM1 200处发生火灾,$t=t_0$,火灾点上方的车辆按80km/h的速度约26s可驶出隧道;火灾下方的人员,逃生时间从$t=t_0+180s$,即火灾发生后3min(反应时间90s,离开车辆时间90s)开始,PM920紧急出口距着火点280m,撤离速度1m/s,需280s,总的逃生时间为t_0+460s。当一辆大客车靠近火灾时,客车上按50人考虑,最后一个人离开车辆开始撤离的时间是390s(反应时间90s+离开车辆时间300s),从火灾点撤离至PM920的紧急出口,撤离速度1m/s,需280s,总的逃生时间为t_0+670s。

从图5-16中可以看出,从$t=t_0+350s$出现烟雾回流,说明对于200MW火灾单靠排风是不够的,火灾上方烟雾会扩散,但停滞在隧道拱部,对人员撤离没多大危害;同样,由图5-17模拟结果可知,能见度也不妨碍撤离,当然要迅速撤离。

2)单洞双向行驶条件(100MW)

一辆载重车在PM1 200处发生火灾,$t=t_0$,靠近火灾点人员向两个方向撤离,人员逃生从$t=t_0+180s$开始,一侧向PM920处(距火灾点280m)横通道撤离,另一侧向PM1 320处(距火灾点120m)横通道撤离,撤离速度1m/s,则撤离时间分别为$t=t_0+460s$与$t=t_0+300s$;如果是一辆大客车临近火灾点,向PM920横通道撤离,撤离时间为$t=t_0+670s$。从图5-18可以看出,该区域内风速低,烟雾分层,能见度(在1.5m高度范围内20m)是可以接受的,在12min内可满足逃生要求。烟雾主要向东扩散,因此通风系统应向这个方向送风,减少回烟段长度。如果逃生时间长,烟雾冷却后弥漫到路面,能见度降低,可能会导致烟雾中毒,见图5-19。

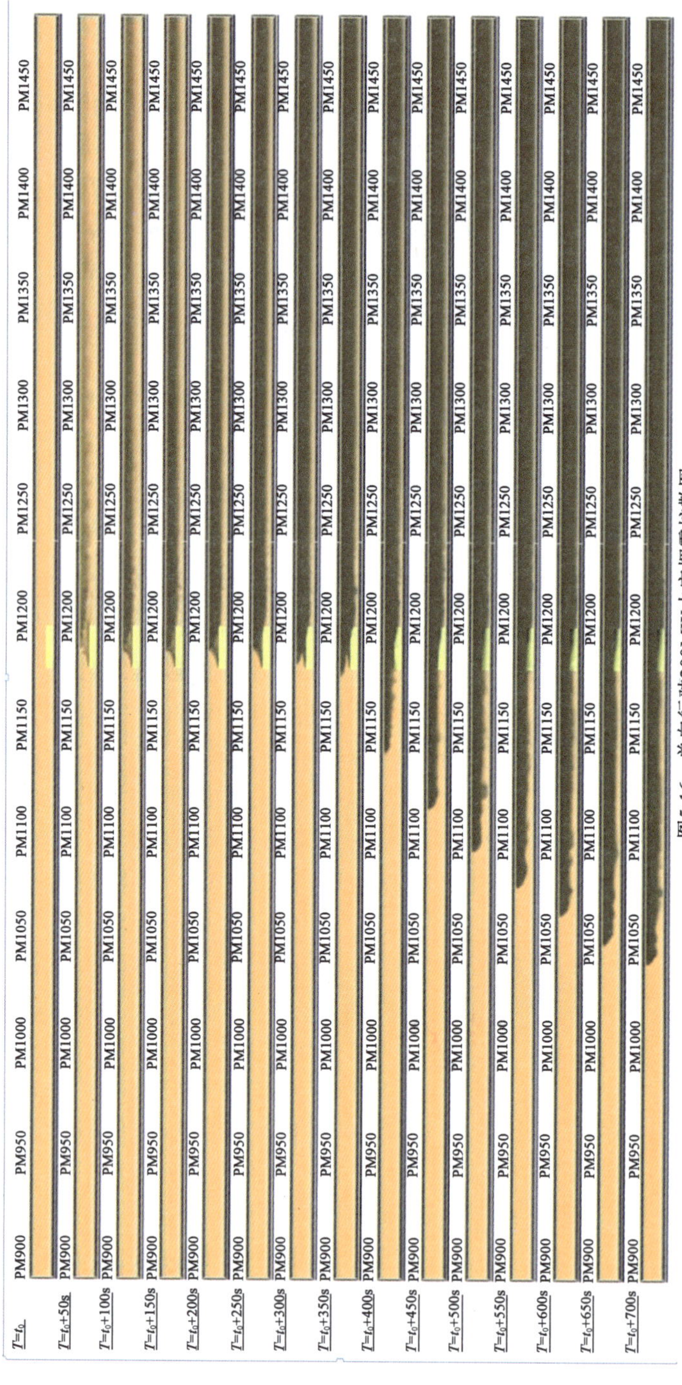

图5-16 单向行驶200MW火灾烟雾扩散图

5 隧道机电工程设计

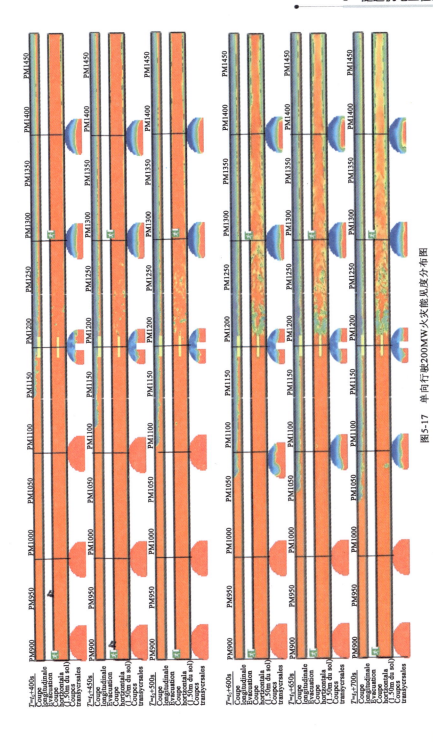

图5-17 单向行驶200MW火灾能见度分布图

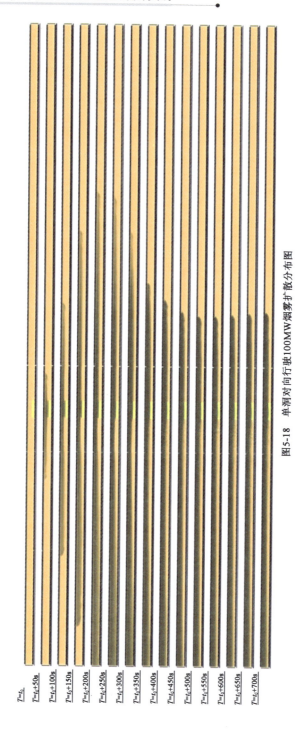

图5-18 单洞对向行驶100MW烟雾扩散分布图

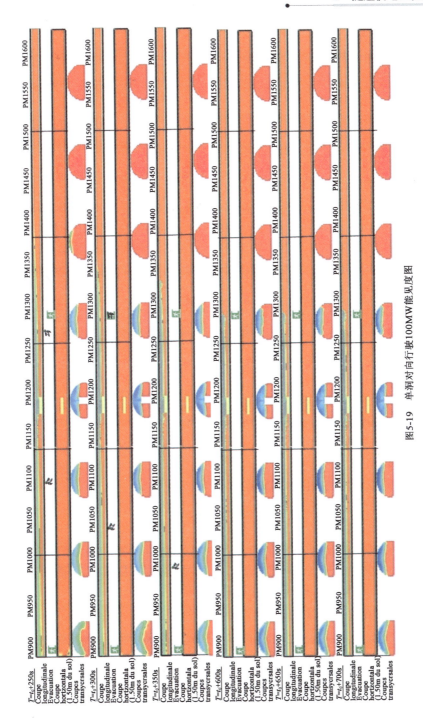

图5-19 单洞对向行驶100MW能见度图

5.11.2.4 温度

1）双洞单向行驶条件（200MW）

从图 5-20 的模拟结果可以看出，不管是从大型车或从轻型车撤离，用 460s（180s+280s）疏散至安全出口，还是在大客车（载 50 人）临近着火点情况下用 670s（390s+280s）疏散至安全出口，人员在撤离过程中的温度是可以接受的，尽管有烟雾回流，但烟雾成层，隧道拱顶处温度高，在 1.5m 高度范围内烟雾温度均在 80℃以下。

2）单洞双向行驶条件（100MW）

从图 5-21 的模拟结果可以看出，若是从大型车或轻型车撤离，用 460s（180s+280s）/300s（180s+120s）疏散至安全出口，人员在撤离过程中的温度是可以接受的，烟雾成层，隧道拱顶处温度高，但在 1.5m 高度范围内烟雾温度均在 80℃以下。如果撤离时间长，最后撤离人员可能会发生可以承受的轻度灼伤。若是在大客车（载 50 人）临近着火点情况下用 670s（390s+280s）疏散至安全出口，人员在撤离过程中的温度同样是可以接受的，但如果撤离时间长，烟雾冷却会弥漫到路面上降低能见度，撤离人员可能会摔倒，忍受高温，健康状况会变坏。

5.11.2.5 热辐射

1）双洞单向行驶条件（200MW）

由图 5-22 的模拟结果可知，火灾下方的烟雾在通风系统作用下被排出，但相对 200MW 火灾的能量排风能力是有限的，火源处的热辐射很强，有回热现象，但对人员撤离不会构成威胁，从火灾点撤离至 PM920 处辐射强度均低于 $2kW/m^2$（10min）。

2）单洞双向行驶条件（100MW）

由图 5-23 的模拟结果可知，热辐射对人员撤离影响不大（10min 内），正对火源点辐射强，从小型车或重型车撤离情况下隧道内人员 3min 开始远离火灾点，在大客车临近火灾点时最后一个人员约 5.5min 开始远离火灾点，以 10min 为限，撤离不受辐射危害。如果最后的逃生人员撤离速度缓慢，可能会有轻度烧伤，如辐射超过 $2kW/m^2$，撤离会变得更为困难。

5.11.2.6 分析结果

通过模拟分析（表 5-24），可以看出在发生火灾时，不管是在单向行驶（200MW）还是对向行驶（100MW）条件下，均能满足人员撤离要求。尽管如此，在发生火灾后应迅速撤离，尤其是有大客车临近着火点时，否则超过一定的时间后会对撤离人员产生伤害。

5 隧道机电工程设计

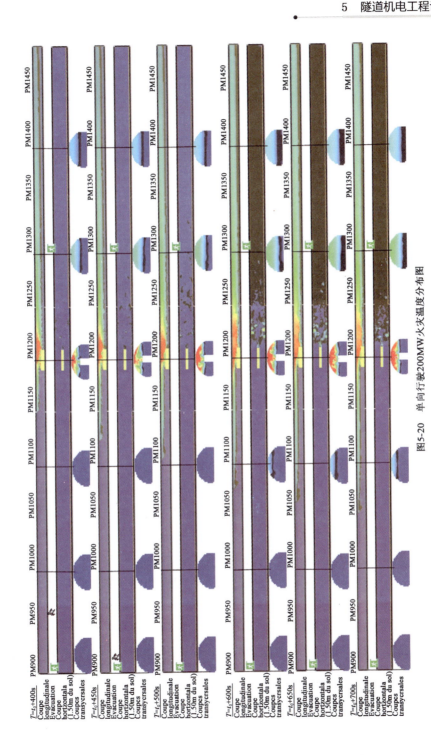

图5-20 单向行驶200MW火灾温度分布图

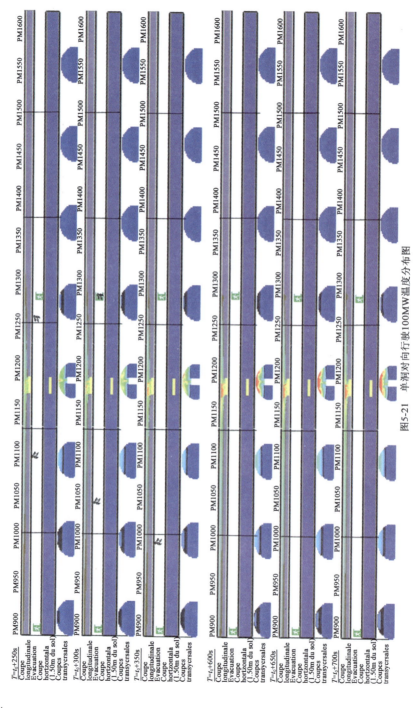

图5-21 单洞对向行驶100MW温度分布图

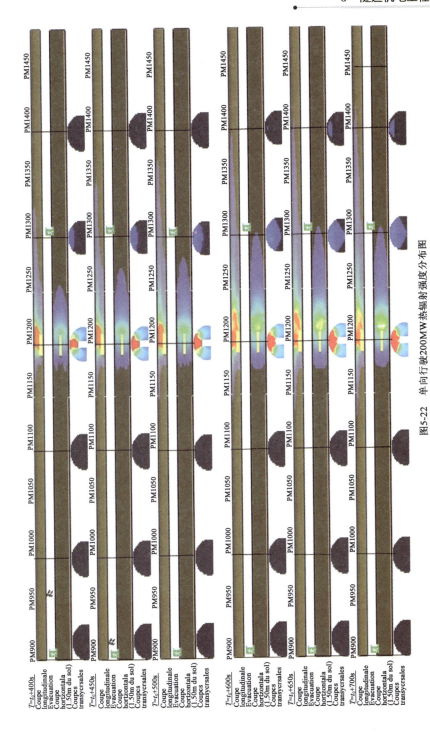

图5-22 单向行驶200MW热辐射强度分布图

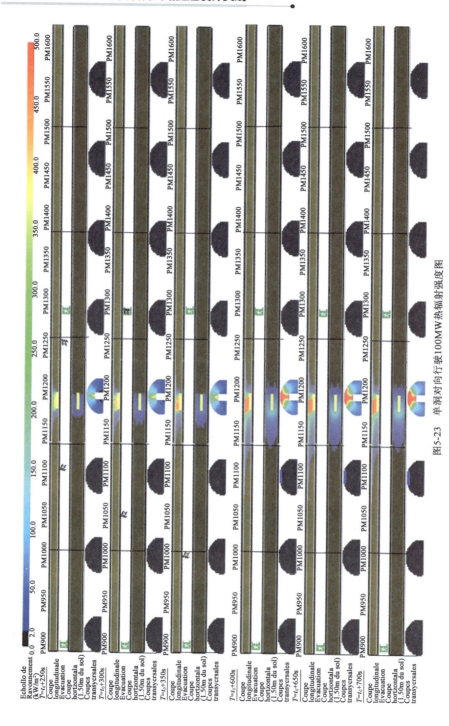

图5-23 单洞对向行驶100MW热辐射强度图

模 拟 结 果 表　　　　　　表5-24

行驶方式	能见度	烟雾	温度	热辐射	结　论
单向行驶	可以接受 $d>20\text{m}$	少成层状	可以接受 $T<80\text{℃}$	可以接受 $R<2\text{kW/m}^2$	对逃生影响不大
双向行驶	可以接受 $d>20\text{m}$	少成层状	限定条件可以接受 $T<80\text{℃}$	在火灾点西侧50m范围内热辐射严重	对逃生影响不大,但需迅速撤离

我国目前对于隧道运营安全风险及火灾情况下隧道内人员逃生救援分析做得还不是很广泛,建议开展此方面工作,逐步形成一套系统的评估与分析体系,以期达到降低事故风险,尤其是减少火灾事故发生的目的,实现隧道的安全、可靠、高效运营。

参 考 文 献

[1] CETU-1998, Dossier pilote des tunnels génie civil[S]. BRON CEDEX:CETU,1998.
[2] CETU-2005, Comportement au feu des tunnels routiers[S]. BRON CEDEX: CETU,2005.
[3] CETU-2011, Tunnels master folder N°5: environment[S]. BRON CEDEX: CETU,2011.
[4] CETU-1990, Dossier pilote des tunnels N°2:geometrie[S]. BRON CEDEX: CETU,1990.
[5] CETU-2012, Calcul des émissions de polluants des véhicules automobiles en tunnel[S]. BRON CEDEX:CETU,2012.
[6] CCTG-1982, N°69: Travaux en Souterrain[S]. France: CCTG,1982.
[7] CCTG-1992, N°67: Etanchéité des ouvragessouterrains[S]. France: CCTG,1992.
[8] AFTES-2001, N°164: Design of sprayed concrete for underground support[S]. France: AFTES,2001.
[9] AFTES-2007, N°202: Géométrie, béton, coffrage et bétonnage des revêtements de tunnels[S]. France: AFTES,2007.
[10] AFTES-2001, N°170: La méthode convergence-confinement [S]. France: AFTES,2001.
[11] AFTES-1999, N°156: Calcul, fabrication et mise en œuvre des cintres réticulés [S]. France: AFTES,1999.
[12] AFTES-1998, N°149: L'utilisation du béton non armé en tunnel[S]. France: AFTES, 1998.
[13] AFTES-1979, N°31: Les conditions d'emploi du boulonnage [S]. France: AFTES, 1979.
[14] AFTES-2010, N°219: Comportement au feu et à la protection sanitaire spécifique aux procédés d'étanchéité lors de leur mise en œuvre en milieu confiné[S]. France: AFTES, 2010.
[15] AFTES-2003, N°178: Mise en peinture des ouvrages souterrains [S]. France: AFTES, 2003.
[16] AFTES-1995, N°132: L'étanchéité des voussoirs préfabriqués en béton[S]. France: AFTES, 1995.

[17] AFTES-1996, N°138: L'emploi de rondelles PVC pour la fixation des membranes d'étanchéité[S]. France: AFTES, 1996.

[18] ICTAVRU 2010-10, L'Instruction Sur Les Conditions Techniques D'Aménagement Des Voies Rapides Urbaines[S]. France: SETRA, 2010.

[19] ICTAAL 2000-12, Instruction Sur Les Conditions Techniques D'Aménagement Des Autoroutes De Liaison[S]. France: SETRA, 2000.

[20] Directive2004/54/CE, Concernant les exigences de séuritéminimales applicables aux tunnels du réeau routiertranseuropén[S]. France: Journal officiel de l'Union européenne, 2004.

[21] EQU001042C, Inter-ministry circular N°2000-63 of 25 august 2000 concerning safety of the national highways network[S].

[22] Règles BAEL91 révisé 99, . Fascicule 62 Titre I-Section I du CCTG : Règles techniques de conception et de calcul des ouvrages et constructions en béton armé suivant la méthode des états limites. [S]. France: CCTG, 1991.

[23] Décret n°93-446 du 23 mars 1993, Fascicule 62 Titre V du CCTG Règles techniques de conception et de calcul des fondations des ouvrages de génie civil[S]. France: CCTG, 1993.

[24] 2004/54/CE, on minimum safety requirements for tunnels in the trans-european road network[S].

[25] XP ENV 1991-1, Bases de calcul et actions sur les structures[S]. France: AFNOR, 1991.

[26] XP ENV 1992-2, Calcul des structures en béton et document d'application nationale[S]. France: AFNOR, 1992.

[27] XP ENV 1996-1, Calcul des ouvrages en maçonnerie [S]. France: AFNOR, 1996.

[28] EN ISO 14688-1, Geotechnical investigation and testing-Identification and classification of soil-Part 1: Identification and description [S]. Berlin: DIN, 2013.

[29] 中华人民共和国行业标准. JTG D70—2004 公路隧道设计规范[S]. 北京:人民交通出版社,2004.

[30] 中华人民共和国行业标准. JTG/T D70—2010 公路隧道设计细则[S]. 北京:人民交通出版社,2010.

[31] 中华人民共和国行业标准. JTG/T D70/2-01—2014 公路隧道照明设计

细则[S].北京:人民交通出版社,2014.

[32] 中华人民共和国行业标准.JTG/T D71—2004 公路隧道交通工程设计规范[S].北京:人民交通出版社,2004.

[33] 中华人民共和国行业标准.JTG F60—2009 公路隧道施工技术规范[S].北京:人民交通出版社,2009.

[34] 衡喜山.阿尔及利亚东西高速公路项目技术总结[J].城市建设理论研究:电子版,2013(9).

[35] 高志坚.国际工程项目管理—阿尔及利亚东西高速公路[D].北京:中国地质大学(北京),2010.

[36] 王毅才.隧道工程[M].北京:人民交通出版社,2001.

[37] 关宝树.隧道工程设计要点集[M].北京:人民交通出版社,2003.

[38] 孙钧.地下工程设计理论与实践[M].上海:上海科学技术出版社,1996.

[39] 孙钧,朱合华.软弱围岩隧洞施工性态的力学模拟与分析[J].岩土力学,1994(4):20-33.

[40] 孙己龙,李娜.阿尔及利亚东西高速公路路线设计规范研读[J].交通运输研究,2011(13):76-78.

[41] 韩信.阿尔及利亚东西高速公路工程地质勘察研究[J].铁道工程学报,2012,29(1):11-16.

[42] 师伟,史彦文,韩常领,等.RMR围岩分级法与中国公路隧道围岩分级方法对比[J].中外公路,2009,29(4):383-386.

[43] 刘汉启,张敏静,吴臻林,等.基于RMR分级标准的隧道围岩级别的划分[J].公路,2008(9):179-182.

[44] 韩常领,史彦文,徐智,等.阿尔及利亚东西高速公路隧道结构设计方案研究[J].公路,2008(9):170-173.

[45] 师伟,王佐.监控量测技术在阿尔及利亚东西高速公路隧道中的应用[J].公路,2008(9):186-189.

[46] 曹校勇,史彦文,韩常领.阿尔及利亚东西高速公路隧道安全洞室设计与施工[J].公路隧道,2010(3):49-52.

[47] 韩常领,张稚光,史彦文,等.东西高速公路隧道二次衬砌结构计算[J].中外公路,2009,29(4):393-397.

[48] 史彦文,曹校勇,韩常领.大断面公路隧道主洞与车行横通道交叉口数值模拟分析[J].中外公路,2009,29(4):405-409.

[49] 李忠武,史彦文,杜彦林.阿尔及利亚东西高速公路东标段T1隧道塌方

原因分析[C]//全国地基基础与地下工程技术交流会. 2015.

[50] 周翠英,刘祚秋,董立国,等. 边坡变形破坏过程的大变形有限元分析[J]. 岩土力学, 2003, 24(4):644-647.

[51] 张祉道. 关于挤压性围岩隧道大变形的探讨和研究[J]. 现代隧道技术, 2003, 40(2):5-12.

[52] 史彦文,丁小军,韩常领. 极软岩隧道沉降变形的控制措施[J]. 中外公路, 2009, 29(4):397-400.

[53] 韩常领,孙洪利. 大断面页岩隧道大变形段设计与施工[C]//全国公路工程地质科技情报网2010年技术交流会,2010.

[54] 史彦文,师伟,韩常领. 拱架牛腿在隧道初期支护中的应用研究[J]. 中外公路, 2009, 29(3):344-347.

[55] 曹校勇,史彦文,师伟,等. 对隧道"零开挖"进洞方案的再认识[J]. 中外公路, 2009, 29(4):390-392.

[56] 吕康成. 隧道防排水工程指南[M]. 北京:人民交通出版社, 2005.

[57] 徐智,王红梅. 阿尔及利亚东西高速公路隧道防排水设计[J]. 公路隧道, 2010(1):51-55.

[58] 徐智,王红梅,曹校勇. 阿尔及利亚东西高速公路(中标段)隧道防排水设计[J]. 现代隧道技术, 2009, 46(6):96-101.

[59] 曹校勇,师伟,韩常领,等. 阿尔及利亚东西高速公路隧道防排水设计与国内的对比分析[J]. 公路隧道, 2014(4):21-23.

[60] 李兴高,刘维宁. 公路隧道防排水的安全型综合解决方案[J]. 中国公路学报, 2003, 16(1):68-73.

[61] 张连成. 公路隧道防排水技术之探讨[J]. 公路交通技术, 2003(4):86-89.

[62] 袁海清,傅鹤林,郑浩,等. 山岭隧道防排水设计原则与设计方法研究[J]. 公路工程, 2015, 40(2):163-168.

[63] 闫治国,朱合华,何利英. 欧洲隧道防火计划(UPTUN)介绍及启示[J]. 地下空间与工程学报, 2004, 24(2):212-219.

[64] 张硕生,张庆明,毛朝君. 隧道防火保护的现状及发展趋势[J]. 消防技术与产品信息, 2003(7):6-9.

[65] 倪照鹏,陈海云. 国内外隧道防火技术现状及发展趋势[J]. 交通世界, 2003(z1):28-31.

[66] 邓念兵. 公路隧道防火救灾对策研究[D]. 西安:长安大学, 2003.

[67] 王荷兰. 欧美公路隧道防火安全[J]. 新安全东方消防,2001(1):89-90.
[68] 王玉松. 英法海峡隧道消防安全综述[J]. 消防技术与产品信息,1997(6).
[69] 董溥,陈波. 阿尔及利亚东西高速公路中段隧道机电系统安全性设计[J]. 公路,2008(9):182-185.
[70] 刘相华. 公路隧道机电系统设计探讨[J]. 公路隧道,2005(4):52-54.